教育部向全国中小学图书馆（室）推荐图书

遇见非洲

AFRICA

韩茜◎著

长江出版传媒 湖北科学技术出版社

前言

Preface

非洲：我的别样青春注解

青春有许多种，追梦、叛逆、迷茫。每个人的青春都有独特的性格，对我而言，青春是红色性格，坚定、热情、我行我素。

到非洲前，我对它的认识和许多人一样：炎热、贫穷、危险。但红色性格里的冒险精神和好奇心最终战胜了疑虑和恐惧，把我带到这片土地上，当我置身其中，才发现我对它的认识太过肤浅，而当我在这里开启全新的人生旅程时，我的青春也有了另外的注解。

豁达

第一次到访贫民窟。那时我还背负着往日积累的负能量，一些无谓的执念与欲望。

走进贫民窟里的一所小学，学校里很多孩子是孤儿，生活在贫穷、疾病、暴力中。那是这个世界上我从未触碰过的角落，超出我所有的经验范畴。

孩子们在尘土飞扬的教室里学跳舞，一天只吃一顿饭，可他们依然笑得灿烂。

体育课上老师拉着一个小女孩儿的手练习走钢丝，他们的眼神我永远无法忘记，惶恐中带着勇敢，迷惘中带着坚定。他们的生活就是在走钢丝，但他们必须走下去。

贫民窟之行给了我从未有过的冲击和震撼，与生活在那里的人们相比，我们的那些执念、欲求、伤痛实在太渺小、太虚无。

于是我学会了放下。放下那些曾经以为放不下的烦恼与痛苦。许多时候，磨难与痛苦不过是落在身上的尘埃，不足以成为我们的束缚。

你为什么选择非洲？我的答案很简单："想看看不一样的世界。"

到达非洲后，我把这个问题抛给身边的朋友，发现很多人的想法跟我一样。有人说到非洲来要吃苦，有人说到非洲来能赚钱，也有人说到非洲来有机遇……可对于许多人来说，来到这里就是人生中的一个巧合，说不清是我们选择了非洲，还是非洲选择了我们，也许这个选择中有些不得已，有些不如意，但能够做出这个选择的人，必定有它的理由和坚持。青春，不就是冒险与坚持！？

本真

第一次看到长颈鹿从路边的草原悠然地走来，仿佛走进另外一个生命体系中，那么原始，那么野性，那么纯粹。那是我第一次真正体会到与大自然融为一体的感觉！

我不再穿梭在高楼林宇间，看着形形色色麻木呆滞的脸，想着各种烦心、糟心、悬而未决的问题。那些问题属于人类，是我们给自己套上的枷锁。

草原，蓝天，清风带来碧草香，角马在奔跑，长颈鹿睁着好奇的圆眼睛……面对如此鲜活的画面，那些沉重的枷锁立刻破裂。在非洲，我体会到了生命的本真，自由呼吸，用力奔跑，生命本该如此。

非洲的天空，蓝得彻底而纯粹：雨季过后的日子，阳光肆意地洒在蓝天上，浮动着的白云，摇曳着微风，我欣喜自己的青春在另一片天空下延展。

宁静

到达非洲 10 个月后，我已经与过去近 10 年在北京的喧嚣生活渐行渐远。

用“喧嚣”二字是因为，北京对我来说就是这么的不消停：忙碌、奔波、拥挤，当然也有热闹、火辣、激情。

10个月的时间让我忘记了每天早晚高峰挤地铁的滋味，我不再考虑周末是宅在家里，还是跨越大半个北京城与好友见面，我甚至不知道最潮的淘宝款是什么。

但我依然爱时尚，会与漂亮的黑人同事讨论她们千变万化的小辫儿，会去小店里给自己设计一条用非洲布料做的裙子。我仍然热爱运动，规律的健身让我逐渐看到自己想要的身形。

在非洲，日子变得宁静，变得真正属于自己。在这里，我可以倾听内心，积蓄力量。

在肯尼亚，我过着与玫瑰相伴相随的日子，肯尼亚的玫瑰品质世界闻名，差不多14块钱一束，一束20枝，我每周都捧这么一束鲜嫩妖娆的花仙子回家：热烈的红，明艳的粉，清新的白，印象最深的是乳白色的花瓣尖端一抹橙色，好似太阳的吻痕……在这里，用玫瑰宠爱青春不需要理由！

勇敢

很多人抱怨非洲人贪婪、懒惰，我也遇到过这种情况，但我不愿意把人符号化，也不愿意把人的行为标签化。拿我的黑人同事来说，他们中的大部分都是敬业又有责任心的。

中国手机在非洲很受欢迎，许多非洲人看到中国人会说：“下次见面给我一个手机吧！”或者说：“我拿我的手机跟你换吧！”很多朋友吐槽这些话，而我只把它当成非洲式的幽默一笑而过，何必在意。

更多时候，大家在抱怨非洲警察腐败不讲理，专找中国人麻烦。作为一个外国记者，我也经常遇到这种情况。

一次在街心花园拍树上的花，就被一男一女两个持枪带棍的警察纠缠，说花园是公共场所，属于人民，不允许拍照，女警察摆出一副“为民除害”的嘴脸，男警察的面孔简直凶神恶煞。我心里很害怕，因为是单独一个人，但我知道他们是找事儿，或想要钱，于是我壮着胆子，满面笑容地开始跟他们周旋。

我先拿出自己的当地身份证，告诉他们花园属于人民，我生活在这里，也有权利享受花园设施。随后开始跟他们聊这个花园多漂亮，我多么喜欢这座城市，我心里打着鼓，脸上却一直挂着笑，聊着聊着，男警察拧了麻花的眉毛竟然笑成两条弯弯的月亮，女警察也跟着一起开始跟我聊天儿，我悬着的心总算放下来。

非洲让我学会理性的勇敢。不能把黑人都妖魔化，他们中的很多人都是和我们一样的普通人，所以没必要畏首畏尾；但不能不谨慎，时刻想清楚遇到问题该怎么保护自己。

难忘乞力马扎罗山的日出。那正是电影《狮子王》中小辛巴诞生时，旭日东升、百兽朝圣的壮阔与澎湃。山脚下的空气中弥漫着野性的味道，它不令人生畏，不叫人胆寒，蕴含着博大的情怀和生生不息的律动。那是属于非洲的气息，我肆意地将它吸入体内，让青春的血脉奔腾。

曾经读到过很多文章，讲述在非洲工作的数宗罪，防御疾病，缺水断电，跟非洲人打交道难，生活单调乏味等。到非洲之前，对于这些所谓的“几宗罪”，我全然知晓，然而我依然坚定地选择，对我而言，勇敢就是敢于做选择，并且在选择后走得坚定、漂亮。

是的，非洲的生活是清苦的，然而我们可以让这清苦变得不平凡。这是一种内心的笃定与坚韧。一位在非洲工作的前辈曾说，在这里人的“苦商”会变得很高，所谓“苦商”就是人承受磨难，忍受艰苦，并还能找到内心平静与幸福的能力。这一点，我与所有在非洲工作、生活的朋友们共勉。如果不能承受就不要选择，选择了就要走得坚定而漂亮。

我的青春在非洲这片土地上找到了全新的注解，如今回首那段岁月，觉得感恩、欣慰，于是把那段日子里我的拾零小记整理成篇，分享我在另一片大陆的人生感悟，呈现一个中国女记者眼中的非洲。

遇见非洲

AFRICA

炎热、贫穷、疾病、战乱，这是大多数中国人对非洲的印象。在非洲做了两年记者，我切实地感受到，真实的非洲并不是我们想象的那样。

当我们换个角度观察，敞开心扉接纳，便可以感受到这片大陆的蓬勃生机和强大生命力，它蕴含在原始的野性魅力中，镌刻在淳朴的非洲笑容里。

以记者的观察诠释非洲，用女性的体悟触碰非洲，本书的写作初衷便是为读者呈现一个不一样的非洲。

希望这些故事，能帮助读者开启一段别样的非洲之旅，感受另一片大陆里的人生百态。

目录

Contents

目录

Contents

第一章

探秘

——你所不知的非洲

1

非洲版支付宝——超乎想象的便捷

肯尼亚的成功经验说明发展中国家同样可以引领技术潮流，由于没有传统技术、管理系统等障碍，创新思维和打败陈规的做法更容易实现。

2014年10月，时任联合国秘书长的潘基文、世界银行行长金墉到访肯尼亚。在肯尼亚停留的短短几天时间里，金墉体验了独具肯尼亚特色的购物方式。

他开通了M-Pesa账户，并且用这个账号从一名刚刚毕业的肯尼亚大学生开设的网店上购买了一只手表。

什么是M-Pesa？它有何过人之处，让世界银行行长金墉都忍不住要体验一把？

“移动的钱包”

M-Pesa，肯尼亚移动支付系统，M指Mobile，移动的意思，Pesa在斯瓦希里语中是钱的意思，于是M-Pesa便是指“移动的钱包”，这项技术改变了肯尼亚人的生活方式，肯尼亚人说M-Pesa就是他们的钱包，不需要随身携带很多现金，只要一部手机就可以足行天下。

不管是生活在大城市还是偏远山村，移动支付对肯尼亚人来说早已不是什么新鲜事，肯尼亚人早在7年前就开始用手机来支付他们的各项生活费用。

为了体验这种便捷的支付方式，我走访了内罗毕一个 M-Pesa 服务站，看看人们如何使用这项支付功能。

詹姆斯是美国人，在肯尼亚生活了两年半，供职于内罗毕一家研究所。他告诉我，来肯尼亚之前他便知道了 M-Pesa 手机支付功能，自来到这里后便开始用 M-Pesa 支付各项生活费用，包括水费、电费、汇款给朋友等等。

2007 年，肯尼亚最大移动运营商 Safaricom 和持有该公司 40% 股权的英国移动运营商 Vodafone 共同推出了 M-Pesa 移动支付、电子银行系统，最初的功能定位是小额信贷，人们可以在不使用现金的条件下低利率还贷。

经过 7 年的发展，M-Pesa 的使用范围早已超越小额信贷，扩展到存取款、转账、购物、医疗、教育等，涉及人们生活的方方面面。

正在进行 M-Pesa 操作的格美瑞

格美瑞是肯尼亚人，自己开了一家建筑公司，“M-Pesa 对我来说意味着钱包，去超市和菜市场买菜都用它；它也是社交工具，如果我要在酒吧、饭店招待客户，就用 M-Pesa 支付；它还是金融工具，我做生意很多转账汇款都通过 M-Pesa 完成。”格美瑞对我说。

如果你想用 M-Pesa 完成一项支付，只需要知道对方用来开通 M-Pesa 账户的手机号码，在转账时输入自己设定的密码，只要两三分钟时间便可完成交易，我在肯尼亚生活期间也常用这种支付方式在超市购物。

集市上的 M-Pesa 服务站

安全系数有保障

这么方便快捷的服务，安全保障是关键。对开发商来说，在最初的阶段让政府与银行系统接受这种全新的金融工具是很大的挑战，肯尼亚中央银行最担心的问题便是洗钱。而洗钱不但是银行担心的问题，处理不好也会令 Safaricom 和 Vodafone 两家公司名声扫地。

因此，M-Pesa 在安全设置上加入了可疑交易监控和电子审计跟踪，使其符合肯尼亚反洗钱法制定的标准；同时加强客户端识别和验证，每一个 M-Pesa 账户都必须由开户人本人持身份证开通，账户的交易密码与他的身份证信息挂钩；此外，加强 SIM 卡终端加密功能，使每一项交易可被监控，Safaricom 公司定期向肯尼亚央行递交报告，便于央行的监督管理。

有数据显示，肯尼亚移动支付年交易额高达 100 亿美元，移动金融对肯尼亚经济的贡献不可小觑。

肯尼亚 GDP 的 43% 来自 M-Pesa，截至 2013 年年底，肯尼亚共有 1820

遍布内罗毕街头的 M-Pesa 服务站

万 M-Pesa 注册用户，78856 个 M-Pesa 服务网点。走在内罗毕街头随处可见的绿色小站便是 M-Pesa 服务站。

M-Pesa 为肯尼亚提供了大量就业机会。詹妮弗是内罗毕一家 M-Pesa 服务站的员工，在此之前她处于失业状态，而这份工作却让她的生活有了指望。

“平均每天来我们这里办理业务的客人有 120 人，开这样一家服务站很容易，只要找好地方，有一定本金，之后就可以去 Safaricom 公司申请，你会得到一个详细的指南，告诉你该怎么开通账户，怎么与银行对接，等等，很便捷，唯一要担心的就是我们这样的服务站里有大量现金，安全是个问题。”詹妮弗说。

她告诉我最热门的 M-Pesa 服务是存储服务，人们觉得把钱存在 M-Pesa 账户里比存在银行方便得多，也省去了高昂的转账费用，M-Pesa 最多可存入的金额为 14 万肯尼亚先令，大约相当于 1 万元人民币。

“不是所有地方都有银行，但是 M-Pesa 服务站到处都是，所以人们喜欢用 M-Pesa，像我们这样的服务站也让很多人有了工作。”

詹妮弗说她在服务站能赚到稳定的工资，虽说薪酬不是很高，但至少跟以前比，她可以自给自足了。

M-Pesa 对肯尼亚经济和社会发展的贡献不但表现在遍及全国的服务网点上，很多新的技术创新和产业也在 M-Pesa 的基础上逐渐形成。

M-Kopa 是基于 M-Pesa 平台针对低收入群体推出的一款分期购买太阳能的支付系统，通过分期付款的形式，用户每天只需支付 40 肯尼亚先令（约合 2.8 元人民币）便可享用太阳能电力。Kopo Kopo 是利用 M-Pesa 平台将中小企业集结在一起，促进资金流动、信息交流的商业平台。Changamka 医疗金融与 M-Pesa 平台相连，妇女们可以通过这项服务提前为产前、产中和产后的各项医疗项目存款。M-Farm 则是通过 M-Pesa 平台向农民发送农产品价格信息并允许他们以团体形式购买或销售农产品的服务系统。

为什么是肯尼亚?

肯尼亚为何能在手机支付、移动金融方面取得超前的成功?

首先，大量生活在海外及大城市的肯尼亚人要向家里寄钱，这对 M-Pesa 来说是最大的商机；其次，传统的汇款转账方式（比如银行汇款）收取很高的手续费，而且肯尼亚银行系统并不发达，基础设施落后，在 M-Pesa 推出之前，肯尼亚每 10 万人只拥有 1.5 个银行，1 部 ATM 取款机，这是 M-Pesa 得以成功的外部因素； 此外，Safaricom 在肯尼亚手机市场上占据垄断地位，Safaricom 用户人数为 1700 万，占肯尼亚人口总数的 37%，在 M-Pesa 推广初期，Safaricom 的推广策略很巧妙，用“把钱寄回家”这一简洁明了的广告语直截了当地回应市场需求，一举成功。

还有一个外部推动因素是 2007 年肯尼亚遭遇选举骚乱，2008 年骚乱还未平息之际，M-Pesa 被广泛运用于向受困在贫民窟的人们汇款，当时银行纠葛在权力纷争中，人们觉得把钱放在 M-Pesa 账户比存在银行安全方便得多。

内罗毕街头规模较大的 M-Pesa 服务站

M-Pesa 在肯尼亚的成功经验使许多原本对移动支付的安全和管理抱怀疑态度的国家开始大胆践行它的模式，包括坦桑尼亚、阿富汗和印度，目前来看，M-Pesa 模式在这些国家得到很好的复制与推广。

肯尼亚的成功经验说明发展中国家同样可以引领技术潮流，由于没有传统技术、管理系统等障碍，创新思维和打破陈规的做法更容易实现。

在基础设施尚不健全、社会发展处于较低级水平的非洲国家，低收入和边缘群体是技术创新的最大受益者。非洲许多地方都没有固定电话，在许多没有电的地方，人们甚至需要用船把手机运送到一个地方去充电，然而就是在这样一个大陆，了不起的技术创想却得以蓬勃发展，现代技术革命从此点亮了贫苦的生活。

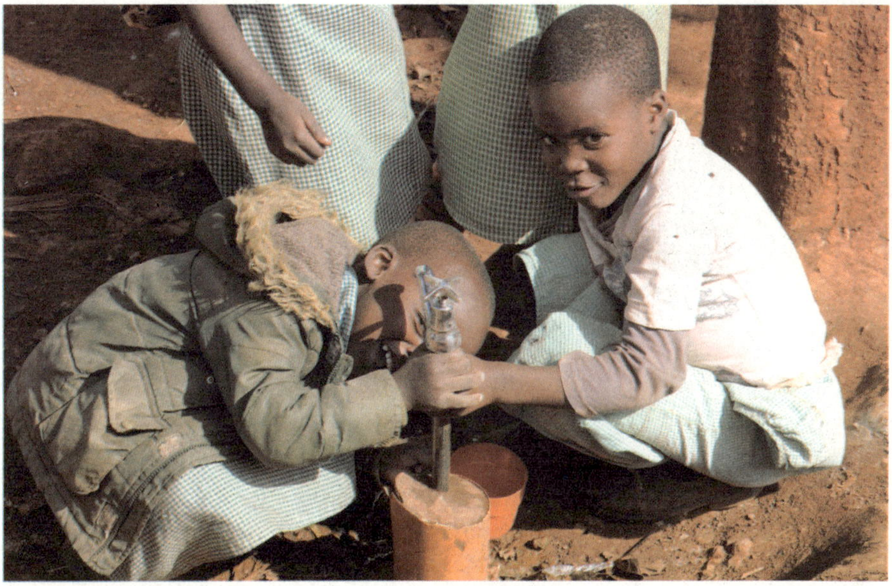

2

挺进基贝拉——探访非洲最大贫民窟

挺进基贝拉，需要勇气，更需要一颗求真的心。在我的概念中，再穷苦的地方也有真善美，带着这样一颗心，我走进了基贝拉。

基贝拉，非洲最大的贫民窟，位于肯尼亚首都内罗毕市中心，可能是地球上人口最稠密的地方，这里暴力横行，被疾病、贫穷、肮脏包裹着。

挺进基贝拉，需要勇气，更需要一颗求真的心。在我的概念中，再穷苦的地方也有真善美。

带着这样一颗心，我走进了基贝拉里的一所小学校，在那里我遇到了一群用欢笑与爱拥抱生命的小精灵。

挺进基贝拉

我对基贝拉的印象源于肯尼亚国家博物馆里的一幅油画，林林总总的铁皮房铺满整个画面，在油彩稠密的晕染下，拥挤得令人窒息。

现实中的基贝拉和油画上的一般无二，拥挤不堪，杂乱无章。驱车行驶在基贝拉的街道上，形形色色的人们，各式各样的杂货店铺从四面八方闯入视线，让眼睛忙个不迭，最具标志性的，是那林林总总的铁皮房，跟油画上的一模一样。泛红的泥巴墙堆砌起一个个不足 15 平方米的小屋，屋顶盖着皱

基贝拉全景

皱巴巴生了锈的铁皮，这些狭小铁皮房里至少要容纳 8 个人居住，简陋破败都不足以形容这里生活条件的贫苦。

贫民窟里枪支随处可见，每条街都有街霸独占一方，暴力横行。妇女和女孩们随时面临着被殴打、强奸，或被卖去做妓女的危险。外来者对于他们来说都是入侵者甚至敌人。

车子在千篇一律的铁皮房之间穿行，沿途难闻的酸臭味始终伴随左右。整个基贝拉只有 600 个厕所，相当于每 1300 个人共用一个厕所，连饮用水都没有的地方，厕所只是挖在地上的一个洞，排泄物满了之后由男孩子们负责清理，把排泄物扔进河道，在这样的卫生条件下，传染病难以控制。

酸臭的气味，破旧的铁皮房，街边不时传来的嘈杂音乐营造出一个躁动不安的基贝拉，当我摇开车窗想用镜头记录这一切时，却发现街边的人们变得虎视眈眈，摆出一副进攻的架势，我连忙收起好奇心，在脑海里设想，即将到达的思博吉翁小学会是什么样？

一块巧克力 大伙来分享

想着想着，车子开到一扇破旧的绿色铁皮门前，这便是思博吉翁小学的校门，很不起眼，而铁皮门上一行白色的标语却引起了我的注意——“只求最好”（Nothing but the best），看到这样的励志标语，我舒了口气，简陋的条件下能有这样的信念与追求，这所小学一定有它的特别之处。

思博吉翁小学校门

推开校门，首先映入眼帘的是跟街道上那些铁皮房一般无二的破旧校舍，泛红的泥巴墙，歪歪斜斜地站立在红土地上。尘土弥漫中身穿绿色校服的孩子们从校园的各个角落望过来，眼神中透着陌生、疑问，还有一丝胆怯。

这群孩子中，一个看上去只有3岁的小男孩格外惹眼，他的目光非常明亮，毫无保留地投射过来，嘴角泛起灿烂的微笑。

我拿出预备好的巧克力递给他，摸摸他的小脸，很快，身边围上来十余个大孩子，向我要巧克力。同行的同事赶忙提醒我，不要这样发糖果，他们可能会来抓你。

可身边集结了越来越多的孩子，我便镇定地站在他们中间，告诉他们不要抢，要分享，他们出乎意料地配合，保证分给小伙伴吃，还主动提出要排队领取。

正在这时，我的余光看到刚刚拿到巧克力的小男孩身边围着几个年龄参差不齐的孩子，我担心大一点的孩子们会抢走他的巧克力，可没想到孩子们只是纷纷上前去用手掐一小块下来，放在嘴里一抿，大伙凑在一起品尝，好奇地端详着巧克力的包装纸，你一言我一语。

小男孩毫无保留地跟大家分享着他的巧克力，就像他毫无保留地把最天真无邪的目光投向我。获得快乐的最佳方式就是把美好的东西无私地分享给他人，这是基贝拉小朋友们给我上的一课。

思博吉翁小学是一所专门为基贝拉孤儿建立的学校，这些孤儿大多数是艾滋病患者的遗子，学校由肯尼亚人弗莱德·欧塔建立。欧塔出生在肯尼亚西部城市基苏木附近的一个小乡村，父母在他 3 岁和 8 岁时相继去世，在一对美国夫妇的资助下，欧塔得以接受教育，并赴美国留学。童年的经历促使他决定用毕生的精力帮助肯尼亚贫民窟里的孤儿们。目前思博吉翁小学有 420 名学生，

思博吉翁小学的孩子们

天真无邪的小男孩

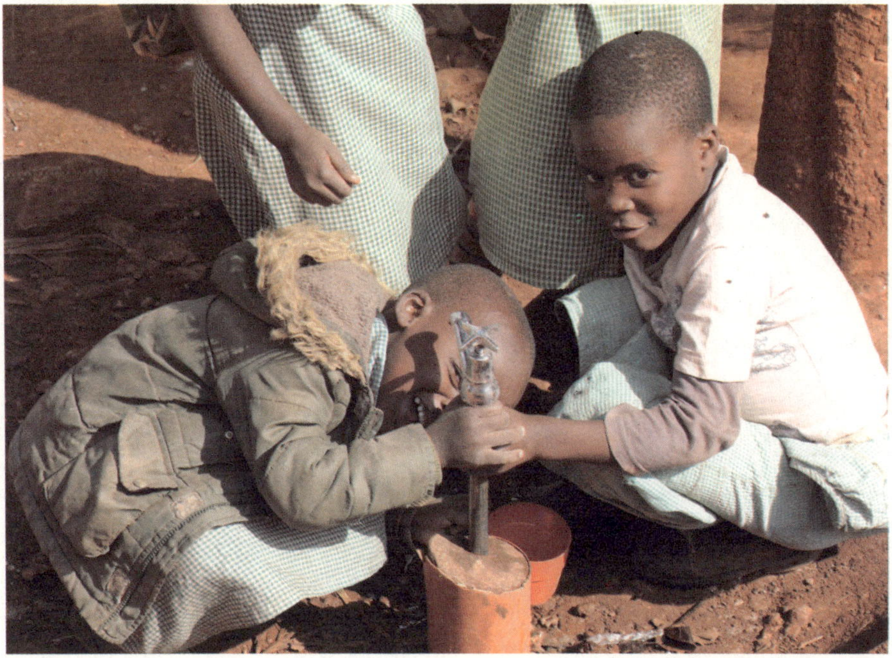

思博吉翁小学的孩子们

学校为他们提供免费午餐，对许多学生来说，这是他们唯一的食物来源。

然而，饥饿贫穷并没有抹杀掉孩子们纯真善良的本性，不幸的遭遇也并没有夺走他们的爱，孩子们分享巧克力的举动让我感受到这个看似贫苦落后的贫民窟小学闪烁着最纯真、善良的人性之美。一块巧克力大家来分享，快乐被分成了许多份，传递到校园的每个角落。

光脚也要跳芭蕾

正当孩子们在校园里分享巧克力时，一位老师从教室里走出来，礼貌寒暄后，我得知他叫史蒂夫，是志愿者教师。他热情地邀请我去他的课堂看看，我便随他走进教室，看到正中央的桌子上摆放着五颜六色的彩纸，孩子们围坐在周围，正在画画。

史蒂夫告诉我他负责教孩子们美术，今天的课堂内容是画一个人物，并用彩纸装饰这个人物。史蒂夫手里拿着剪刀，一边向我介绍情况，一边耐心地为孩子们裁剪他们想要的彩纸形状。

我好奇他的志愿者身份，了解后得知这所小学的教师都是志愿者，所谓志愿者就是由非政府组织雇用，签订临时合同，领取少量的薪酬，所以像史蒂夫这样的老师一个人要为多个学校代课，才能维持基本生计。

工资待遇不佳其实是肯尼亚教师面临的共同问题，我在肯尼亚工作的两年中，每年的九月份前后都有全国性的教师大罢工，他们游行示威，要求政府提高工资待遇，每年教师游行引起的教学混乱都让许多家长感到担忧，也耽误了很多学生的学业。

史蒂夫告诉我：“我并没有上过大学，我只是教给孩子们我所知道的，我们这里的老师都是这样。能告诉他们什么是美，什么是艺术，我觉得这样就很好了。”

的确，史蒂夫的这堂美术课用色彩与想象装点了贫民窟孤儿们的生活，在他们的画笔下没有饥饿，没有烦恼，只有放飞的心愿与理想。

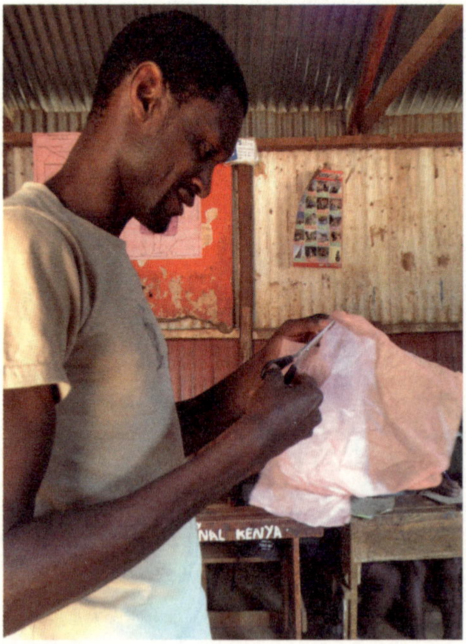

志愿者教师史蒂夫

正在这时，隔壁教室传来音乐声，循着乐声过去，看见了一群跳芭蕾舞的“小天鹅”。悠扬舒缓的音乐声中，老师悉心地指导动作要领，下蹲时背要挺直，抬起来的手臂要尽力伸向最远处，孩子们一丝不苟地完成着每个动作，伸向远处的手臂也将他们渴望的目光送向了远方。

班里 20 多个孩子，没有一个人倦怠敷衍，个个都像是高傲的王子与公主。他们中大部分人没有舞鞋，赤着脚练习。地板也不是练功房的木质地板，而是土地，每一次跳跃、踢腿都扬起满屋的尘土。灰尘在悠扬的音乐声中飞舞，没有电的昏暗教室里，阳光洒进来，照耀着翩翩起舞的孩子们，仿佛这一刻他们不是身在基贝拉，而是在世界上最美丽的舞台之上，有灯光、掌声与欢笑，他们尽情地舞动着，眼睛里跳跃着对未来的憧憬。

爱如阳光照耀每一天

儿童与青年的教育问题是肯尼亚政府面临的一大挑战。肯尼亚国家统计局最新的人口普查显示，肯尼亚 63% 的人口为青年，青年的受教育程度直接影响着这个东非大国的竞争力和发展前景，而贫困及弱势群体的教育则是提高肯尼亚青年整体素质的关键一环。

联合国统计数据显示，内罗毕 300 万人口中，60% 居住在贫民窟，他们中约 1/3 为儿童。教育资源的缺失直接影响了这些孩子的就业，制约他们摆脱贫困，改变命运。居住在贫民窟的 15 ~ 24 岁的青年中，50% 的男孩和 80% 的

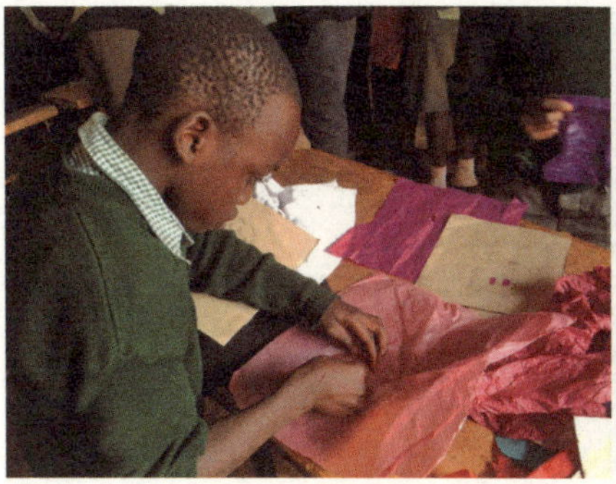

用彩纸做手工的小朋友

跳芭蕾的孩子们

阳光下凌乱的桌椅

女孩没有工作，而其余有工作的青年中，60% 的人是临时工，挣得贫困线上下的薪资，勉强维持生活。

为改变这一现状，肯尼亚政府也在不断加大教育投入，2010 年肯尼亚 GDP 的 6.7% 用于发展教育事业，这样的努力让肯尼亚小学净入学率从 1999 年的 62% 提高到 2009 年的 83%。

然而要彻底改变贫民窟里孩子们的命运，肯尼亚还有很长的路要走。温饱、安全、教育、就业，无一不是迫在眉睫的问题。千里之行，始于足下，未来之路就从贫民窟里的每一天开始。

思博吉翁小学的负责人告诉我，学校现在面临的最大问题是硬件设施不足，资金匮乏也无法保证足质足量的师资队伍。然而即使苦难重重，学校仍然希望学生们在校园里能够找到快乐，感受到爱与希望，就像校门上的标语那样，“Nothing but the best”。他们拥有的很少，但强大而坚定的信念却支持他们一路走下去。

当我即将离开思博吉翁小学时，孩子们正在练习体操，他们相互配合，彼此扶持，摆出一个高难度的造型。在这群孩子旁边，一位体育老师正牵着一个小女孩的手，保护她练习走钢丝，小女孩屏息凝神，老师关爱备至，这温情的一幕久久地印刻在我的脑海里，它是在我离开思博吉翁小学之前看到的最后一幕，也是最为感动人心的一幕。

也许对于生活在贫民窟里的孤儿们来说，生活就像是在走钢丝，疾病、食不果腹、无家可归，种种问题令他们的处境危机四伏，然而如履薄冰的他们并没有失去面对生活的勇气，他们善良纯真，笑对每一天。在这样的一所学校里，有老师的陪伴，有小伙伴们的分享与分担，艰难险阻中便有了爱与欢笑，这爱与欢笑如同阳光照进他们的生命，让这些孩子们忘却烦恼，勇敢坚定地走向未来。

走钢丝的小女孩

3

埃博拉！谁是真正的敌人？

埃博拉带给我们的真正反思是什么？谁又是我们真正的敌人？

贫困落后的西非地区急需教育、发展、沟通与唤醒，不仅仅是面对病魔，更是面对未来的命运。

从埃博拉疫情反观人生，在面对灾难、病痛、挑战时，人类最大的敌人往往是心魔。

谈到埃博拉你会想到什么？致命、恐惧，2014 年留给全世界的黑色记忆。这场疫病或许会让你对原本就与疾病、贫困、战乱紧密相连的非洲大陆更多了一份排斥。

当致命的埃博拉病毒在西非蔓延时，正是我要前往非洲长期工作的时候，若说内心没有恐惧是假的，但是理智告诉我，不能让恐惧占了上风、捆绑住逐梦的心，作为一个新闻人，越是这种时候，越应该前往一线，向真相靠近，再靠近。

当我得知真相时，我深刻地意识到面对夺命病魔，人人自危，恐惧是源发于人性的第一反应。然而就是它，让抗击病魔的战役困难重重。病魔本身不是敌人，真正的敌人是人性的黑暗与懦弱。

荒谬、丑陋，当我听到曾经在抗击埃博拉一线战斗过的利比里亚女护士萨洛姆因为医生拒绝为她诊治而死亡的消息时，脑海里只有这两个词。

那是在 2017 年 3 月，距离埃博拉疫情席卷西非已经过去 3 年的时间。也许埃博拉这个词已经从人们的脑海中淡去，这个曾经让全世界恐慌的名词已经被淹没在历史的洪流中。然而有关萨洛姆的新闻让人再度回忆起那场可怕的疫情。萨洛姆在疫情蔓延时曾一度被感染，凭借坚强的意志她战胜了病魔，幸运地躲过一劫，随后她便勇敢地投身于救助埃博拉病患的战役中。“去帮助其他人”，她认为这是上帝让她活下来的理由。善良、坚毅、勇敢的萨洛姆荣登2014年《时代》杂志封面，成为当之无愧的年度人物。

然而3年过后，原本生儿育女过着幸福生活的她却遭遇了命中真正的劫难。在生下第四个孩子不久后，萨洛姆出现浑身抽搐的病状，丈夫将她送往医院，谁料医生却漫不经心地刷着电脑屏幕，表示自己不会去碰得过埃博拉的人，尽管此时的萨洛姆体内早已没有埃博拉病毒，丈夫苦苦哀求，医生仍然不管不顾，几天后，萨洛姆去世，死因不明。

这则消息让人震惊。3年过后，埃博拉的余波仍旧未平，以近乎耸人听闻的方式再度揭露了人性的丑恶。这让我回想起3年前，为了探究真相，我像剥洋葱那样一层层拨开笼罩这场疫情的迷雾，直抵事件核心。

“我不相信埃博拉存在！”

这是我在了解真相的过程中听到最多的一句话。当时媒体上铺天盖地的新闻和旷日持久的抗埃战役让我心里产生了一个问号：既然国际社会全力应对，为什么疫情仍旧得不到有效的控制？

当我深入了解到西非地区民众对待埃博拉的态度时，我心里的问号才有了答案：医疗条件差，病毒凶猛并不是元凶，真正的元凶是愚昧无知。

“如果连续3天吃生洋葱能否防止我感染埃博拉？”“吃芒果会不会染上埃博拉？”“每天喝浓牛奶是不是能抵御埃博拉？”这是埃博拉疫情暴发之初，几内亚卫生部设立的咨询热线接到最多的问题，自埃博拉疫情暴发之后，各式各样的猜测、传闻、谣言伴随着病毒一路蔓延……

塞拉利昂一位司机曾对美国《华盛顿邮报》记者说：“我不相信埃博拉这种病存在。”他说他的许多同乡都跟他一样，不相信埃博拉存在，不少人认为埃博拉是巫师施展的法术，巫师到哪里，就把这种病毒传播到哪里。

在最先暴发疫情的几内亚，人们对埃博拉的存在也同样抱怀疑态度，许多感染者拒绝接受医治。当时一名感染埃博拉病毒并被治愈的几内亚医生曾经在接受国家电视台采访时呼吁人们不要怀疑埃博拉的存在，他说埃博拉确实存在，它不是政治，不是政府用来筹措资金的幌子，他告诉人们应该积极接受治疗，而不是恐惧退缩，甚至愚昧地认为埃博拉是谎言，是骗局。

愚昧的恐惧感让防控工作面临巨大的挑战，在疫情最严重的几内亚东南部地区，医疗机构成为人们反对和进攻的目标，当地民众袭击并抢劫前往修建医疗救助站的队伍，进行大规模游行，反对医护人员进驻该地区救治病患，这些都是当时的真实情况，令人瞠目。

面对致命病魔，求生的欲望被愚昧无知的头脑误导了方向，本该遵循科学的指引获得正确的认知，然而在落后的西非地区，真正能够发挥指引作用的不是科学，而是当地人心目中的“智者”。

谣言止于一枚可乐果

“我们是你们的兄弟姐妹，我们永远不会对你们撒谎。”60 岁的玛丽安娜骑着摩托车驶向愤怒的人群，并不断劝服众人。

玛丽安娜居住在几内亚偏远的森林地区，作为该地区妇女和平协会的前任主席，她在当地颇有名望。埃博拉暴发之后，她被当地政府认为是可以帮助地区民众提高警惕、防范病毒的最佳人选。

在当地，医疗队非常不受欢迎，村民们常向他们扔石头，用树干挡住他们前进的道路，玛丽安娜是为医疗队开路的 12 位“智者”之一。他们追踪患者的病情，说服感染者去医院就诊，给村民们的房屋消毒，确保在葬礼时没有人被感染。

智者们代表医疗队安抚民心，为医疗队的到来打破村庄里的平静生活而道歉，他们还为村民们送上可乐果，这在当地是代表和平与尊重的举动。这些“智者”们身边常簇拥着男女老少，面对“智者”，他们的愤怒渐渐平息，开始敞开心扉，不再抗拒。

谣言止于“智者”。玛丽安娜们在抗埃斗争中起到了意见领袖的作用，不管他们是不是真正的智者，在偏远闭塞的西非农村，面对洪水猛兽般的疫情，人们如惊弓之鸟，对一切外来势力高度警惕甚至充满敌意，也只有依靠这些“智者”的力量，才能让人们接受医治，不再抵抗。

谁是我们共同的敌人？

埃博拉最终还是被人类打败了，如今回首那段日子，似乎往事随风，然而当萨洛姆去世的消息传来时，这个曾经的梦魇再度苏醒。

我们不能忘记国际社会为打赢这场战役付出的心血，更不能忽略几内亚、利比里亚、塞拉利昂这几个非洲国家均在联合国公布的最不发达国家之列，埃博拉的侵袭更是给这些国家的经济发展带来致命一击。

抗击埃博拉的战役看似是一场与病魔的抗争，其内核则是与贫穷落后旷日持久的斗争。试想在经济发达、社会发展水平较高的地区暴发疫情，人们可能不会认为病毒不存在，也不会有铺天盖地的谣言，人们的理智总能战胜恐惧，让疫情得到及时有效的控制。

也许这才是埃博拉带给我们真正的思考，贫困落后的西非地区是多么需要教育、发展、沟通与唤醒，不仅仅是面对病魔，更是面对未来的命运。

从抗埃战役反观人生，面对灾难、病痛、挑战时，人类最大的敌人往往是心魔，不要让人性之恶杀死一个善良的萨洛姆，也不要让恐惧阻挡了我们面对和战胜困难的勇气与信念。

于我而言，我庆幸当初的自己没有因为疫情蔓延而取消前往非洲工作的计划。战胜恐惧，我迎来了一段非比寻常的人生，我常对自己说不要怕，人生路上总要勇敢前行。

4

环保、艺术、爱海洋
——创意拖鞋回收加工厂

在肯尼亚，有一间小工厂把环保、艺术和爱海洋连成了一个环，中心是环保。每当想起那间小工厂，就仿佛感受到一缕清凉的海风吹过，眼前出现一片蔚蓝色的洁净海洋……

拖鞋、艺术和海洋之间有着怎样的关系？

在肯尼亚，有一群人把这三者连成了一个环，中心是环保，四周环绕着对艺术和海洋的热爱。这个环保“中心站”是肯尼亚人朱莉·丘奇和爱尔兰人戴斯蒙德·希尔兹共同经营的拖鞋回收创意公司 OCEAN-SOLE。

出于对海洋的爱，他们激发当地人的艺术灵感，把在非洲随处可见的旧拖鞋制作成大小各异的手工艺品和玩具，将环保产品和环保理念一起推向世界。

世界唯一的旧拖鞋回收创意公司

20 世纪 60 年代，橡胶拖鞋开始在肯尼亚流行，橡胶拖鞋是自然环境，尤其是海洋环境的“隐形杀手”。在肯尼亚沿海地区，随处可见废弃的拖鞋，它们随着海浪飘进海洋，有些被海洋生物误食，危害它们的健康，成为东非地区海洋环境的第二大破坏者，也是最难回收处理的污染源。

1997 年，朱莉在肯尼亚东北部一个海洋自然保护区工作，她发现当地儿童用海边的废旧拖鞋制作玩具，受到启发，决心把这个创意放大。

OCEAN-SOLE 创始人朱莉 · 丘奇

“于是我开始鼓励妈妈们回收废旧拖鞋，把它们洗干净、打磨、加工并制作成玩具、工艺品。1999 年的圣诞节，两位妈妈把她们制作的拖鞋工艺品带到肯尼亚首都内罗毕的圣诞市场上销售，很受欢迎，我们还得到了瑞士自然基金会的一笔订单。”朱莉告诉我。

在朱莉的带动下，废旧拖鞋化身成一条纽带，将海洋和生活在周边的当地人连接在一起，拖鞋加工规模也因这条纽带而不断扩大。2005 年朱莉正式成立加工厂，专门生产废旧拖鞋艺术品。

2011 年，同样热爱蔚蓝大海的爱尔兰人戴斯蒙德与肯尼亚籍妻子到肯小住。偶然的契机与朱莉结识，被她的热忱和创业精神打动，决定留下来。

“决定留下来的原因是我们在做一件有意义的事情，尽管公司经营中遇到很多挑战，但我相信朱莉的热情可以带着公司一直往前走。现在越来越多的人开始喜欢我们的产品和理念。”戴斯蒙德说，他如今是 OCEAN-SOLE 公司的 CEO（首席执行官）。

OCEAN-SOLE 首席执行官戴斯蒙德 · 希尔兹

旧拖鞋的华丽蜕变

在戴斯蒙德的带领下，我参观了 OCEAN-SOLE 工厂。工厂分为回收、清洗、切割、打磨、加工、验收几个区域，面积不大但分工明确，每道工序上工人们都在专注地工作。戴斯蒙德说他们都是天生的艺术家。

OCEAN-SOLE 工厂里的废旧拖鞋边角料

首先，工人们将拖鞋清洗，在阳光下晾晒，按照颜色排序，随后将拖鞋切割成大致相同的尺寸。

工人们用简单的工具，如刀子、剪刀，尽情地发挥他们的创造力，将色彩缤纷的塑料块裁剪、拼接、雕刻，再经过粘贴、打磨等工序，制作成圣诞装饰品、钥匙链、耳环和杯垫等，这些产品将被销往世界各地。

“我们的大部分工人都是当地部落的传统木雕工匠，过去他们刻木雕卖给游客，但游客是季节性的，不能给他们提供稳定的收入，现在的工作让他们过上了相对稳定的生活。”戴斯蒙德告诉我。

工人切割废旧拖鞋

工人打磨废旧拖鞋工艺品

戴斯蒙德说公司的核心团队有 50 名员工，但根据订单情况，还会临时雇一些工人，通常在 40 至 50 人不等，除此之外，为公司提供废旧拖鞋的回收站也雇了数百名工人。因此，一个小小的 OCEAN-SOLE 为当地创造了不少的就业机会。

如今，从旧拖鞋变身而来的工艺品已经从内罗毕圣诞市场走到了意大利、瑞典、法国、英国和美国，从动物园、博物馆走到了时装周、艺术展，朱莉和戴斯蒙德所要传达的关爱海洋的精神理念也逐渐广为人知。

小产品，大信息

朱莉坦言，高昂的运费是 OCEAN-SOLE 面临的一大挑战：“我们的产

制作完成的长颈鹿工艺品

品不同于一般的商品，它包含着一种信息、一种理念。在美国，许多人对它感兴趣，比如学校或个人，但是他们的购买量都不大，许多人想先体验再购买，可是小批量商品从肯尼亚运到美国成本昂贵。所以，现在我们打算在美国建立一个销售中心并开始建立网络销售渠道。”此外，朱莉告诉我她正在积极开展与科研机构的合作，希望研发新的环保产品。

戴斯蒙德说，海洋环境污染不是肯尼亚一个国家面临的问题，是全球性问题，所以 OCEAN-SOLE 想用自己的产品与工业界对话，希望工业界开始重新思考生产什么样的产品，用怎样的方式生产。“在这一点上，我非常欣赏中国哲学思想所推崇的与大自然和谐相处。”他说。

当我结束对 OCEAN-SOLE 的参观后，在工厂外的空地上看到一个用废旧拖鞋和废铁制作的地球仪模型，在我看来，它是朱莉和戴斯蒙德二人环保理念的最佳表达。

废旧拖鞋工艺品

回想起在 OCEAN-SOLE 参观和采访的那个下午，它在我的脑海中留下一抹蓝色的回忆，每当想起这间小小的废旧拖鞋加工厂，就仿佛感受到一缕清凉的海风吹过，眼前出现一片蔚蓝色的洁净海洋……

OCEAN-SOLE 产品零售店

废旧拖鞋和废铁制作的地球仪模型

5

非洲时间——慢有慢的道理

有时，我想停留在“非洲时间”里，看云卷云舒，斗转星移，在时光里创造生命，在生命中感知时光流淌过的每一个印记。

“你的时间太非洲！”

在肯尼亚生活期间，一次一个当地朋友约我去她家里做客，恰逢天气阴风冷雨，我就推脱着不愿意去，谁知她发动各路朋友一齐劝说，盛情难却之下我只好说我会晚些到，她给我的回复是：“你的时间太非洲！”

一个非洲人对我说这句话实属有趣，到过非洲的人都知道，来到这片大陆就意味着进入一种时间状态，名为“非洲时间”，也就是凡事都不能急，要慢慢来，有时慢得人火冒三丈，有时慢得人无可奈何，全世界各地的外来者们都在适应着这种时间，我也不例外，也许是我太过适应了，就连非洲朋友都嫌我的时间太非洲！

记得非盟峰会期间，同事跟我抱怨，闭幕当天，原定于晚上7点结束的会议，硬是被拖到9点，与会的各非洲国家首脑们不但不着急，还高唱赞歌，庆贺会议行将圆满落幕。饥肠辘辘、焦急等待的记者们哪还受得了这阵仗？“我都快被折磨死了，他们还唱我们自豪，我们是非洲人！”同事义愤填膺地说，愤懑中夹带着嘲讽。

内罗毕一家餐厅的世界地图艺术墙

不满、鄙夷，这是大多数外来者对“非洲时间”的态度，在高速运转的现代社会，这种时间观念的确在很多场合显得不合时宜，在一些西非法语国家的外交场合中，可能原定于晚上 9 点开始的活动，到晚上 11 点也未必能按时举行，原因是某非洲国家总统还没到场。

外交聚会尚且如此，更别提日常生活中的聚会了，如果你被邀请晚上 8 点去某个朋友家赴宴，最好做好心理准备，晚饭会在 9 点半左右开始，主宾们都会默认这才是聚会真正开始的时间。这样的推迟，晚些就晚些吧，无伤大雅，但在职场中，会议会谈也经常晚于原定时间召开，这种拖沓的行事方式怎能让非洲大陆迎头赶上现代化的步伐？

可能你要问，非洲人为什么不能改改不守时的毛病，这样的时间观念怎么能跟国际接轨，跟世界融合？但你是否想过摒弃掉非洲人懒散、不思进取的固有成见，真正探究“非洲时间”的由来？我便尝试做了这样的探索，发现原来非洲人对时间有他们独特的理解。

“非洲时间”——对生命的另一种解读

在古老的非洲社会，日历的标注不是数字而是一桩桩具体事件，比方说两个人约定在日出时见面，那么这个会面就是由日出这个具体事件来标记的，无论太阳是在清晨 5 点还是 7 点升起，这并不重要，重要的是太阳升起，只要在这个事件发生的时间范围内，就都算是约定的见面时间。

试想在广袤的非洲草原，两个来自古老部族的武士在黎明破晓前从彼此的部落出发，穿云破月，在风吹草动间眺望着孤树指引的远方，心之所向是旭日东升之际的一面之约。他们不守时吗？不，只是在他们的概念里，时间不被某种刻度标记，时间是由生活中发生的每一件事积累而成的生命里程。

在乌干达的恩科勒游牧民族生活中，时间轴围绕着牛群的作息展开。一天的开启从第一次挤奶开始，大概是早上 6 点，到了牛群休息的时候，人们便知是中午 12 点，随后的取水时间是中午 1 点，牛群喝完水去牧场吃草，时间来到下午 3 点，牛群回到牛棚时不用推算，一定是下午 6 点，再次的挤奶时间是傍晚 7 点，牛群一天的活动结束，人们的一天也画上句号。

恩科勒人对月份的划分更为有趣，10 月被称为“太阳”，因为 10 月是艳阳高照的时候；12 月叫作“给叔叔找水”，因为 12 月是旱季，水源短缺，要去找水喝；5 月叫作“耳边听闻粮草声”，因为 5 月份人们耕种的作物开始丰收；9 月则被称作“香肠树”，因为那是香肠树硕果累累的时节。

在现代社会，时间是被使用和买卖的，于是外来者们常说：“你看这些非洲人坐在那儿什么都不干，真是浪费时间！”“非洲人总是迟到，不懂得时间就是金钱。”而草原上的日出之约和恩科勒人的岁月推移都没有局限在时针、分针、秒针走过的圆周里，在非洲人的传统观念中，时间是被创造和生产的，人不是时间的奴隶，而是时间的创造者。

不做时间的奴隶

一次与一个肯尼亚画家会面，他比约定时间晚了整整一个半小时才到，好在我并没有其他安排，而且早有准备，拿了书边看边等。对待这种天马行空、脑子里全是艺术创想的人，我当然不能用快节奏、高效率的时间准则要求他，而他迟到这么久，也着实说明传统非洲时间观念依然深深地影响着现代非洲人的思想与行为。

当时姗姗来迟的他对我说："对不起，让你久等了。"他知道自己的时间标尺跟我的没对上，我问他什么事情耽搁了这么久，他说："我今天就安排了两件事，一个是给学生上课，一个是见你，我刚给学生上完课。"

也许你听了很气愤，这么不尊重别人的时间！但这就是非洲人的时间观，由具体事件而不是由几点、几分、几秒来判定，他认为眼下从事的事情就是时间的进程，接下来要发生的事情是另外一个进程，两者并不存在于同一个时间进程中。

我曾经读到过一篇有关非洲时间的文章，其中举了这样一个例子：一个非洲人正在与一个朋友见面，而接下来他要和他的叔叔见面，他并不认为自己需要在计划的时间内完成与朋友的约会以便按时与叔叔见面，他认为重要的是完成好与朋友计划完成的事，就算晚了迟了，叔叔也会理解，因为重要的不是时间刻度而是时间进程内发生的事情。

肯尼亚著名哲学家约翰·比蒂在他的著作《非洲宗教与哲学》中对非洲人的时间概念是这样定义的：在非洲人的传统生活中，时间是由发生过的事情，正在发生的事情和将要发生的事情构成的，那些尚未发生或不可能马上发生的事情都归属于"无时间"一类。

约翰·比蒂说非洲人的传统观念里，时间是一个二维概念，一面伸向遥远的过去，一面延展在当下而并不通往未来。这一点从非洲语言的时态中便可见端倪，在一些东非语言中，表示将来的3种动词时态只能表达到未来6个月最多两年时间内将要发生的事情，超过这个期限的事情都被认为不存在于真实

内罗毕街景

内罗毕近郊风景

的时间范畴内。

平心而论，无论是在我来到非洲之前还是在我来到非洲以后，“非洲时间”都不曾对我构成很大的困扰，我并不是个急脾气的人，20岁时留学法国，对法国人相对比较懒散的时间观念也早习以为常，于是在对“非洲时间”有所耳闻时，我并没有用大家一贯秉承的行为标准去衡量这种时间态度的对错与好坏；来到非洲之后，无论是与当地同事们相处，还是与当地人约定采访，我也并未时常遭遇不守时的人，成为这种时间态度的“受害者”。事实上“非洲时间”正在发生改变，受过良好教育、有国际视野的非洲人知道遵守时间的重要性，他们正在把时钟调快，以便赶上日新月异的时代步伐，他们也在把非洲时间的维度伸向未来，好让这片古老的大陆在新的时间进程里演绎出美好的故事。难怪我的朋友会对我说：“你的时间太非洲！”

而我，有时却想停留在“非洲时间”里，看云卷云舒，斗转星移，在时光里创造生命，在生命中感知时光流淌过的每一个印记。

不做时间的奴隶，做时间的创造者，还有什么人生愿望能比它更奢侈又令人幸福呢！

6

赤道玫瑰绽放生命之魅

玫瑰于我，不仅仅是爱情与浪漫的象征，它是一段美好回忆的化身，铭刻着我的青春，记录着我的异国时光，它丰饶的生命力绽放出我最难忘的一段人生旅程。

一个阴雨绵绵的巴黎冬日下午，结束采访返程的路上我看到一家玫瑰花店，名叫“以玫瑰之名”，这是法国非常著名的一家玫瑰店，店门口摆放着以白色和香槟色为主的玫瑰，典雅精致的气息流淌在周围的空气中，然而这高贵的气质并未让我流连，反倒让我的思绪飘向了远方，飘向我眷恋的那个赤道玫瑰之国。

优雅清丽，巴黎街角的花店像一幅幅淡雅的水彩画，遥想玫瑰之国，情形却大不相同。那里的街角没有花店，卖花小贩在街边的泥土路上占据一隅，几只或十几只水桶一字排开，便成了小本生意的“阵地”。那画面像是一幅信手拈来的速写，随意、洒脱，然而，就在这不起眼的街边角落，肯尼亚的玫瑰们却怒放着，鲜活旺盛的生命力灿烂着周围的一切。

红，千姿百态的红；粉，变幻色调的粉；橙，灿若阳光的橙；紫，从未谋面的紫；还有渐变的、杂色的、纯色的……硕大的花头包裹着鲜嫩欲滴的浓密花瓣，250 肯先令（约合人民币不到 20 元）抱一大捧回家，妖娆地绽放个十多天，这就是肯尼亚玫瑰。它的娇艳呼之欲出，它的明丽动人心弦，即使承载它的是简陋不堪的水桶，那美丽也分毫不被抹杀，反而愈加肆意、蓬勃地绽放着。

我脑海中的肯尼亚总是明媚而富有生命力，这印象很大一部分来源于肯尼亚玫瑰。当时的我每周都会到街边的玫瑰铺子挑上一束心仪的玫瑰，精心地把它们插在花瓶中。有了这些美丽精灵的陪伴，日子格外甜蜜，每周换换花色，换换品种，心情也在欢快的乐符间跳跃。

如今回想起那段岁月，我忍不住想给当时的自己寄一张明信片，上面画着阳光下内罗毕街边彩虹般的玫瑰铺和卖花人灿烂的笑容。

内罗毕街边的鲜花铺和笑容灿烂的卖花人

看着巴黎花店里的玫瑰，它们的身影是那么熟悉，我知道它们中有很多可能来自肯尼亚，欧洲市场38%的玫瑰是从肯尼亚进口，肯尼亚也素有欧洲“后花园”的称号。

然而来到欧洲的玫瑰们却换了副面孔，变了种姿态，也许是因为精美的包装，也许是因为高雅的店铺，此时的它们让我感到些许陌生，不似在肯尼亚时那么鲜活，然而我却愈加怜惜它们，因为我清楚地知道它们是怎样从肯尼亚历经长途跋涉来到欧洲的。

内罗毕郊区的玫瑰种植园

在肯尼亚的日子，玫瑰精灵们常伴左右，时间久了，便想对它们的身世一探究竟。2015 年 2 月，我参观了内罗毕郊区一个玫瑰种植园，种植园由一名荷兰人和一名肯尼亚人共同经营。肯尼亚的玫瑰种植业自 20 世纪 70 年代开始发展，最初的技术引进便是从荷兰，如今荷兰花卉市场上 66% 的玫瑰都来自肯尼亚。

廉价劳动力，得天独厚的气候环境和优惠的政策，都让玫瑰种植业在肯尼亚得以迅速发展，如今花卉出口已成为肯尼亚继旅游业和茶叶种植之后的第三大创汇产业。

来到玫瑰种植园，映入眼帘的是一个个白色的温室大棚，不时走来一两个身穿绿色工作服的花匠，肩扛着水桶，里面盛放着刚刚采摘下来的鲜艳玫瑰。

肩扛水桶的大棚花匠

走进大棚，看到一排排的玫瑰整齐列队，然而画面并不是想象中的“山花烂漫”，因为大部分玫瑰都已被及时采摘，等待加工处理后送到遥远的目的地。

离开土壤的玫瑰仙子们第一站首先到一个温度控制在2℃左右的冷藏间来个“透心儿凉”。随后工人们要对它们进行减枝处理，减掉多余的枝叶后，一个35 ~ 90厘米不等的刻度板等待着它们。根据客户需求，以不同的刻度切割，此时玫瑰仙子们已经依据高矮划分成了不同类型，接下来要根据胖瘦来对它们再度分类，也就是依据花朵大小和开放程度进行分类，确保同一束玫瑰型号相同，到此，玫瑰的粗加工完成，它们即将踏上征程。

工人对玫瑰进行切割修剪

启程之前，工人们会对玫瑰进行再次精细切割，然后添加隔层包装纸，避免空运过程中受到挤压；最后一步是贴标，注明客户标号、采摘日期，不同采摘日期用不同颜色的标签，以便发货时及时将最新鲜的玫瑰发出。

贴标后的玫瑰仙子们再一次进入冷藏间，这一次它们将彻彻底底告别肯尼亚这片土地，等待着集装箱卡车把它们运往机场，在那之后，它们将飞往世界各地。也许我在巴黎优雅花店里看到的玫瑰，就是经历了这样一番历程到达我的眼前，然而即使经过三四天的长途跋涉，它们的面容依旧娇艳如初。花期长，这是肯尼亚玫瑰最大的优势。

肯尼亚平均海拔1500米，赤道横穿中部，山地、海洋、高原等地理条件共同造就了极具多样性的气候环境，用玫瑰产业的行话来说，肯尼亚具备多种微气候环境，适合不同品种玫瑰的生长，以满足不同的市场需求。

从20世纪70年代到现在，肯尼亚人在实践中积累了丰富的玫瑰种植经验，因此肯尼亚从事玫瑰种植的工人虽然劳动力成本低但技能过硬，加上低廉的土地价格和有利的政策支持，肯尼亚玫瑰的性价比颇高。这让肯尼亚在地区玫瑰种植业中拥有绝对竞争优势。就拿邻国埃塞俄比亚来说，政府要求鲜花产业的一切交易都以本国货币结算，税收高昂，而在肯尼亚，一切交易都可以直接以美元结算，税收也十分合理。

包装贴标后成束的玫瑰

玫瑰加工厂里的冷藏间

在肯尼亚，花卉产业创造了50万个就业岗位，我所参观的玫瑰园经营者肯尼亚人埃利乌德就是其中之一。与埃利乌德交谈时我发现，他不仅对玫瑰种植业充满热情而且独具商业眼光，他告诉我虽然欧洲市场是肯尼亚花卉产业的传统客户，但不能满足于此，要寻求新的发展空间，于是他也向澳大利亚、新加坡等国出口玫瑰。

我参观他的玫瑰园时正值情人节前夕，他告诉我这一年他第一次将自己的玫瑰销往中国，随着中非航运的不断便利化，如今从肯尼亚出口玫瑰到中国每枝的运费仅为1.95美元，而运往欧洲平均每枝运费为2.0美元。

在离开肯尼亚之前，我参观了一次肯尼亚国际花卉展，3层的展厅，十余个展室，来自世界各国的花卉种植和经销商云集。置身于花海中，我见到了平生从未见过的玫瑰品种，色彩丰富超出想象。

经销商们还精心为它们取了不同的名字，“唯一的爱”“蝴蝶夫人”“黄色宝贝”“马达加斯加”……展会上一位玫瑰经销商告诉我，栽培者会根据玫瑰的外形特点用丰富想象力和灵感给它们命名，当时观展的唯一感受是：我来到了玫瑰星球！

肯尼亚国际花卉展上的玫瑰花海

如今，我已离开赤道上的玫瑰国，而每每见到玫瑰，无论身处北京还是在巴黎，我都会想起肯尼亚，想起那段玫瑰精灵常伴左右的时光……玫瑰于我，已不再仅仅是爱情与浪漫的象征，它是一段美好回忆的化身，铭刻着我的青春，记录着我的异国时光，它丰饶的生命力绽放出我最难忘的一段人生旅程。

取名为“非常可爱”和“黄色宝贝”的玫瑰

肯尼亚国际花卉展上的七彩玫瑰

7

旧物变宝，不拘一格的非洲时尚

时尚是爱美之心赋予每个人的权利，不必拘泥于国际大牌和主流设计，更不应该禁锢于千篇一律的定义和解读。非洲为我们打开全新的时尚触觉，让时尚味蕾尝尝鲜！

初恋男友的一枚印章

“17 岁时，我的初恋男友给了我一枚印章，一只展翅的蝴蝶，一个小孩抓着蝴蝶的触角同它一起飞翔，当时我就想，将来我要做一个自己的时尚品牌，一定用它做 logo。”Blackfly 时尚背包的设计师露丝·阿布雷德神采奕奕地为我讲述她的初恋故事。

首先来聊聊 Blackfly 的由来，black 黑色，代表黑皮肤的非洲人，fly 飞翔，这是露丝的美好愿望，她是个大胆做梦并让梦想载着自己起飞的女孩儿。露丝说，她希望自己设计的背包和时装能给非洲人插上美丽的翅膀。

露丝的时尚设计有一个独到之处，那就是旧物变宝。

露丝经营着一个时装店，一个包包店，它们都位于肯尼亚首都内罗毕一个叫作 Toi Market 的二手服装市场，服装店和背包店毗邻，小小的空间里藏着一条完整的旧物回收利用生产线。

把二手服装再加工变成非洲风情浓郁的时尚包包，这便是这条生产线的不凡之处。露丝从 Toi Market 购置二手皮夹克，经过剪裁、拼接，制作成大小不一、功能各异的包包，再用自己服装店的碎布料装饰，环保时尚两不误。因此 Blackfly 包包的标签上有一个绿色的小标，上面写着 Recycle（回收利用）。

“我的时尚我做主”

见到露丝时，她正对着一大包的碎布料构思：“我的包包都不重样，服装店剩下什么布料，我就在这个基础上做设计，所以很难做出两个一模一样的包。”

露丝的作品在坦桑尼亚、日本、荷兰都有销售，因为很受欢迎，买家常常希望她能批量生产某种款式，而她却拒绝这样做。

时尚设计师露丝

挂着绿色“Recycle”标签的时尚手包

“这对我来说是个难题，我不喜欢按照别人的要求做事，不喜欢千篇一律流水线式的生产，也对扩大市场，钻研市场营销没什么兴趣。”露丝告诉我，做时尚设计是她的兴趣，她不想让这兴趣变成负担。

露丝的包包店诞生于 2008 年，当时她刚刚结束在意大利的皮包制作学习，6 个月的意大利求学让她找到了自己的热情所在。

在赴意大利求学前，她毕业于内罗毕大学工业设计专业，因此在成为时尚设计师之前，她做的工作与时尚并没有直接关系。

露丝设计的各式包包

而工业设计的专业背景却体现在了她对包包的设计理念中，“实用性永远是第一位的。”露丝边说边拿出店里各式各样的包包为我讲解，其中有化妆包、平板电脑包、钱包、硬币袋等等，功能齐全，亮眼的非洲风情设计并没有掩盖包包本身的实用性。

“我的最新设计是一款多功能护照夹，专为旅行家庭设计，这个夹子可以放进全家人的护照，还有放笔和记事贴这些小杂物的地方，应该很受带孩子的父母欢迎。”露丝这样说。

在她店里参观时，我正缺收罗大大小小肯先令硬币的包包，于是买了钱夹和硬币袋，到今天还一直使用着。

露丝是个既有才华又不失可爱的女人，她并没有太远大的野心与抱负，只想做自己喜欢的事，专注于打造自己心目中的时尚。

她这种我行我素的风格反倒格外受到外界的认可，我在肯尼亚生活了两年，认识她是在第一年，而一年后，在我离开肯尼亚之际，她的 Blackfly 包包和服装已经销往周边几个国家。临行前我去她店里，让她为我设计两套非洲风格的服装，店铺面积虽然没有扩大，但各个流程都显得更为专业，我还特意为国内朋友带了几个实用漂亮的包包。跟一年前不同，这次她已经开始用专用的带有品牌 logo 的袋子为我包装。

露丝为我设计的非洲风格连衣裙一直在我衣橱中，是我珍藏的非洲时尚记忆。

露丝设计的各式服装

工人正在缝纫 logo

不可小觑的非洲二手服装市场

肯尼亚每年进口 10 万吨二手服装，价值 900 万美元。

二手服装市场为肯尼亚政府提供可观的税收和就业。据统计，肯尼亚首都内罗毕最大的二手服装市场能够解决 6.5 万人的就业，带动相关产业包括物流、银行和周边商业的发展。

根据品牌和质量不同，每件二手服装的价格从 10 肯先令（0.7 元人民币）到 1000 肯先令（70 元人民币）不等，一些名牌衣服也会混杂其中。

不仅在肯尼亚，二手服装市场在整个非洲都非常普遍，它们的存在依托于这样一条供应链：欧美慈善机构收集旧衣物卖给二手衣物回收商，由回收商根据质量、男女儿童、上衣裤子等对衣物进行分类打包，随后出口商将成吨的二手衣物出口到非洲国家，到达非洲后，批发商从港口城市购进大批量的衣服再卖给二手市场的零售商们。

来到肯尼亚的二手服装市场，我的第一印象并不太好。地摊上七零八落地摆放着各种杂物，衣服、鞋子、包包、帽子、家居用品、玩具，地摊周围满是卖甘蔗、水果、油炸鱼的小商贩，他们的叫声不绝于耳。

露丝回收的二手服装

但去过一次后，我就爱上了它。对女人来说，购物的乐趣不单单是购买，更多的是在淘捡的过程中。二手服装市场最能满足女人淘宝的欲望，没准在哪堆不起眼的衣服里，就藏着一件宝，而且价格便宜，高高兴兴买回家，这样的“战利品”让人成就感爆棚。

我的第一次二手服装市场之行，就淘到了两件质地尚好的裙子和一件针织衫，总共花了不到200块人民币。

我的当地朋友告诉我，很多有钱人喜欢到二手服装市场淘旧物。我在二手市场上看到很多白人，我问她们为什么来这买东西，这儿的衣服可都是在你们国家被淘汰、被嫌弃的，她们告诉我她们喜欢这种体验，这样的购物过程远比到商场里买东西更有滋味。

肯尼亚二手服装市场地摊

我一直是个爱时尚、追求时尚的人，非洲为我打开了全新的时尚触觉，也让我的时尚味蕾尝到了新鲜的滋味。时尚是爱美之心赋予每个人的权利，不必拘泥于国际大牌和主流设计，更不应该禁锢于千篇一律的定义和解读。就好比露丝，大胆地坚持自己的时尚理念，为她插上了梦想的翅膀，成就了一番事业；再好比那些在二手服装市场享受淘宝乐趣的女人们，对于她们而言，时尚不分贵贱，只要自己喜欢。

我的时尚我做主！这样的时尚才最潮，最本真，最经得起时间的考验。

8

堵车之困与“车轮上的博物馆”

在内罗毕，生活里来来往往的大事小情都被堵车困扰着，每天与交通拥堵做斗争的内罗毕人，被冠以“迁徙一族”的绰号。然而，恼人的堵车，却在这座城市催生出一种独特的文化形态。

在肯尼亚期间，工作生活的大部分时间都在首都内罗毕度过，这座城市给我留下的印象是明媚，终年二十多摄氏度的气温和从不爽约的阳光，让这里的生活明快透亮。

然而内罗毕这种清新的气质中却隐藏着一个污点。不出门便罢，一旦出门，堵车便让这座阳光之城变成了心塞之城。习惯了北京高峰时段的拥堵，我自认为对堵车的耐受力极强，可谁知内罗毕的堵车几乎不分时间不分地段，比起北京有过之而无不及。

迁徙的内罗毕人

早晚高峰，向内罗毕的城市主干道望去，焦急的等待中，上下班的车辆排成长龙，这座城市俨然成了东非地区最大的停车场。

IBM 曾发布全球通勤焦虑指数排行榜，内罗毕被列为全球第四大交通拥挤城市。该指数称全世界人们平均每年浪费在交通堵塞中的时间为 8 天，而在内罗毕，这个数字是 1 个月甚至更长。

“工作日我每天花在上下班路上的时间是3小时，但有些时候长达5小时。为了避开晚高峰，下班后我要在办公室等至少两个小时再回家。反正是要等，在路上等，还不如在办公室等。”内罗毕白领埃里克对我说。

埃里克居住在距内罗毕市区20千米的郊区。每天耗费几个小时上下班，成为住在这里的人们生活中的必修课，就如同迁徙的鸟儿一般，于是他们被冠以“迁徙一族”的称号。

我的同事帕特里克也是“迁徙一族”，家住20千米之遥的他平均每天的上下班通勤时间是6小时。

“你能想象吗？晚高峰时，从我们办公室到市中心汽车中转站，仅仅1千米的路途，要堵上至少两小时！这时间足够我到100千米外的东非大裂谷去玩一趟了。”帕特里克戏谑着对我说。

繁忙的集市

与堵车相伴而行，已经成为内罗毕的“迁徙一族”必须面对的日常课题。为此肯尼亚一位歌星还专门写了一首名叫“Niko kwa Jam， Na-come”的歌，意思是“我这儿堵车，我就来”，这首歌唱出了内罗毕人的心声。在这座城市，上班、上学、生活中来来往往的大事小事都被堵车困扰着，歌里还唱道，最头疼的是，跟女朋友约个会，还要花上一大笔电话费解释：“宝贝，别生气，我这儿堵车，我就来。”

堵车三宗罪

常言道，时间就是金钱。据统计，每年肯尼亚交通拥堵造成的经济损失高达 370 亿肯先令（约合 26.4 亿元人民币），这其中包括燃油损耗、污染等等。

长时间大范围的堵车给了盗窃分子可乘之机，不计其数的手机、车前灯、侧灯在堵车过程中被偷盗。

内罗毕人阿芙鲁贾在与我的一次交谈中讲述了他在晚高峰拥堵时经历的惊魂一幕，“当时车窗锁着，我正用手机刷着社交媒体，突然一只手不知从哪伸进来，我的手机瞬间就被抢走了，我不知道这只手是怎么把车窗打开的，还来不及反应，那个身影就消失了。”

这惊魂一幕并非偶发事件，我的同事帕特里克告诉我，他平均每 3 个月就要在公共汽车上丢失一部手机。

“现在这个手机跟了我两个月，不知道它还能坚持多久。很多小偷装扮成衣冠楚楚的白领，你根本想不到他会是小偷，让人防不胜防。”帕特里克一

Matatu 周边杂乱的交通状况

脸无奈地说。

一些肯尼亚媒体分析称，内罗毕的堵车已经演变成了综合性的社会问题。由堵车催生的犯罪也不仅仅局限于偷窃。许多摩托车驾驶员毫不掩饰地说，他们的前灯侧镜在堵车过程中被偷了不要紧，去小偷们经营的黑市上买就行了，很便宜，有些人甚至怀疑新买的替代品就是自己被偷走的原件。

研究显示，机动车尾气排放造成了内罗毕 90% 的空气污染，从 2004 年到 2025 年，内罗毕城市车辆运行密度预计增长 148%，而运行速度则将从每小时 35 千米下降到每小时 11 千米，这些增长的车辆中很多都是来自东亚地区的二手车，尾气排放量大，燃油质量不高，如果不及时采取措施，内罗毕恐怕将与它“阳光之城”的称号渐行渐远。

想开点还是想法子？

严重的堵车已经让内罗毕人习以为常，他们的态度是“实际点，想开点”，与其想办法解决问题，不如想办法适应现状。好比帕特里克，他在给我讲述三个月丢一部手机的经历时好像并不怎么愤怒，似乎习惯了，也对这种现象出现好转不抱什么希望。对于政府出台的改善交通状况的计划，大伙儿认为不过是会议室里的纸上谈兵，与实际生活相去甚远。

不要说普通人，连内罗毕郡郡长似乎都对堵车无可奈何。郡长先生曾在推特上发布了这样一条推文：“我建议大家像我一样，每天早上早点起床去上班。”

在郡长的带领下，内罗毕郡政府成立了交通与城市拥堵管理委员会，专门解决内罗毕的堵车问题，而经过整整一年的努力后，郡长先生每天仍然要用早起的方式来躲避堵车。

据统计，内罗毕目前的汽车总量已超过 70 万辆，而在 2012 年，这一数字仅为 33 万辆。因此，完善城市的长期规划，发展公共交通，减少私家车数量，建立生态城市是必经之路。这对于基础设施还很落后的肯尼亚来说是个巨大的挑战。

拥挤的内罗毕街道

迁徙的内罗毕人还要跋涉多久，阳光之城何时不再让人心塞？我问我的同事帕特里克十年够不够，他皱皱眉说，可能要更久吧。恐怕这个问题只有时间能够给出答案。

“车轮上的博物馆”

任何事情都有两面性。内罗毕堵塞膨胀的路况对于这个城市来说也不完全是一种负担和烦恼，它在不经意间催生出一种文化形态，这种文化形态的载体是 Matatu，被誉为“车轮上的博物馆”。

便宜、便捷的 Matatu 是迁徙的内罗毕人不可或缺的交通工具，这种中小型巴士在肯尼亚和周边国家都被广泛使用，在内罗毕的公交系统中它更是占据着垄断地位。直到 1999 年，Matatu 都是内罗毕唯一的公共交通工具，如今虽然有其他公交车替补，但它仍是穿行在内罗毕大街小巷的公交主角。

Matatu 由私人经营，经营团队包括司机和在车门处招揽客人的乘务员。我对那些乘务员的印象颇为深刻，他们的身影总是和风驰电掣的 Matatu 一起穿梭于内罗毕的街头巷尾。他们戴着墨镜，挂在车门上，半个身子伸出车外，大声吆喝着，远眺着，一身的霸气，仿佛整个城市的交通都得听他们指挥。

除了一身“痞气”的乘务员之外，嘈杂纷乱，是Matatu给我留下的另一印象。嘈杂：这种小巴士在城市拥堵的车流中穿行，大张旗鼓地按喇叭，左闪右避，急速前行，车内播放着各种风格的流行音乐，以招揽顾客，尤其是年轻人；纷乱：五花八门是对“车轮上的博物馆”最恰当的描述，它们的外观特色鲜明，车身上画着嘻哈艺术家、国际摇滚巨星、著名运动员、政治人物等等，用各种鲜艳色彩的涂料喷漆，打造出醒目的车身设计，往往还在最抢眼的地方写着或反叛或励志或戏谑或发人深省的大标语，着实吸引人眼球。

对于许多外国人来说，乘坐 Matatu 出行是一种冒险，需要勇气。不熟悉 Matatu 文化的人会被它的嘈杂纷乱吓到，尤其是在夜晚，车内亮起蓝色或绿色的灯光，气氛颇为诡异。除此之外，Matatu 上时常发生偷盗案件，很多外国人认为有胆量乘坐 Matatu 是一件值得夸耀的事情，甚至有人认为乘坐 Matatu 还能活着下车就是奇迹。

不管外界的评价如何，Matatu 的经营者们总是把生意做得如火如荼，用不断推陈出新的车内音乐和车身外观吸引顾客，很多车内还增设了免费 Wifi，宽屏幕电视，等等。

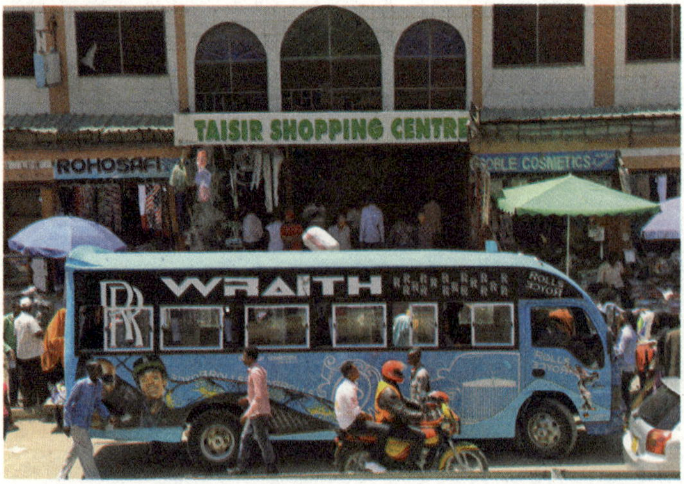

色彩艳丽的 Matatu

打造一辆 Matatu 并非易事，内罗毕有专门从事 Matatu 装饰与设计工作的手艺人，他们是“车轮上的博物馆”的设计师。把一辆辆光秃秃的巴士打造成时髦的艺术品，从设计理念到焊接拼装，到描绘喷漆，全部过程都是手工完成。这些手艺人热爱这份职业，小巴士为他们的艺术灵感提供了自由的发挥空间，设计越大胆、理念越超前也就越成功。这些民间艺术家们从这份职业中获得强烈的满足感和成就感，也为“车轮上的博物馆”不断地注入新鲜血液。

除了民间手艺人之外，Matatu 还为一些流行歌手提供了展示才艺的舞台，车内播放的音乐很多都由当地流行乐手演唱，他们的歌从 Matatu 走红，逐渐被人们熟知传唱，并由此走向真正的音乐市场，这些乐手中有不少人成为著名歌星。

为了记录和推广 Matatu 艺术，肯尼亚人布莱恩开设了一个关于 Matatu 文化的网站，他每天都坚持为 Matatu 拍摄照片，放在网站上，并发布各种关于 Matatu 的新闻。通过这个网站，布莱恩希望把 Matatu 艺术发扬传承下去，他说 Matatu 文化流淌在肯尼亚人的血液中，没有一个肯尼亚人没坐过 Matatu，它代表着肯尼亚的城市文化，更是城市青年文化的精髓。

大概 10 年前，肯尼亚政府曾经禁止 Matatu 艺术和在 Matatu 上播放嘈杂音乐，以保障道路行驶安全，而 2015 年这一禁令被取消。布莱恩认为也许将来的某一天，政府还会出台措施禁止 Matatu，到那时“车轮上的博物馆”就将成为历史，因此他希望做一个记录者和见证者，让这种艺术和文化形态得以留存。

9

黑人头发那些事儿

非洲人究竟有着怎样的特殊发质？黑人头发的故事经历了怎样的历史变迁？背后隐藏着哪些鲜为人知的秘密？听我聊聊黑人头发那些事儿。

说起非洲人的头发，你会怎么形容?

遇到这个问题，在非洲工作生活过的我也会和你一样一时语塞……

小辫子，爆炸头，黑人超模的寸头，这些大概是我能想到的形容黑人头发的所有辞藻。

全球主流审美对秀发的定义中有温婉的黝黑直发，也有魅惑的金色卷发，而对于非洲发质和发型，似乎找不到相对应的审美定义。

初到非洲时，探访一个贫民窟小学，有一件令我印象非常深刻的事情，一群小女孩儿围着我，用充满好奇的眼神注视着我，有的羞涩地伸出小手，摸摸我的头发问："这是你的真头发么？"

听到这个问题时，我颇感诧异，为什么会有这样的疑问，我年纪轻轻怎么会戴假发？我当时并不知道，黑人女孩儿们又长又密的辫子就是由假头发编织而成，有关黑人头发的这个秘密，我在到达肯尼亚一年多之后才得以一探究竟。

内罗毕街头的美发屋广告牌

与头发“抗争”催生的产业

“我小时候常幻想拥有长长的头发，梳各种各样漂亮的发型，直到现在我也会这么想，” 我的肯尼亚同事伊万这样告诉我，“看到你的头发，我就会幻想如果我是你，我会梳什么样的发型。”伊万年纪跟我差不多，是个爱美的女孩儿，平日里我只注意到她的发型在各种风格间不断地切换，跟大多数肯尼亚女孩儿一样，而我却没有留意到多变的发型中隐藏的秘密。

很多非洲女性跟我聊天时都流露出对我头发的羡慕。一次我在东非大裂谷沿途的街边小摊喝肯尼亚红茶，老板娘直勾勾盯着我的头发说：“能不能把你的头发剪下来给我？” 她的发问让我感到十分诧异。

这样的尴尬情形并不罕见，我的女同事也有跟我一样的经历，一次她在开车，一个女交警拦住她，问道：“能不能把你的头发剪下来给我？”

这样的发问会让不了解情况的人感到匪夷所思，而真正了解到有关黑人头发的各种故事后，也就不感到费解了，说到这儿，首先要介绍一下黑人发质的独特性。

在全世界各个人种中，黑人发质有着独一无二的特征，他们的发质非常粗糙，呈螺旋状卷曲，浓密蓬松且易受损，更糟糕的是，许多黑人女性的头发无法长长，“长发及腰”对她们来讲是遥不可及的梦。

一次与肯尼亚女同事露丝出差，正要洗澡的她，边跟我聊天边用纱巾左一层右一层包裹自己的头发，最后再戴上浴帽。我问她为什么要这样，她说她一星期就洗一次头发，而且要去发廊洗，自己洗的话头发会缩成一团，变得很奇怪，不得不去发廊打理，“所以现在我绝对不能让头发沾水，否则明天你就会看到灾难！”

内罗毕街头的假发用品店

头发沾水会萎缩，难以想象，足见发质的特殊性给黑人女性带来怎样的困扰。发质上的不足让非洲女人们从小就做着一个关于头发的梦，梦想着能够拥有顺直或卷曲的长头发，能够像其他人种女性一样长发飘飘。

然而恼人的发质并没有抹杀掉头发在非洲历史与文化中的作用。原始非洲部落里，头发并不只是身体的一部分，传统部落文化中发型定义着人们的年龄、宗教、民族、婚姻状况以及财富和地位。

15 世纪中叶，非洲奴隶首次被带到西方“新世界”，黑人奴隶不同的发型代表着不同的工种。在田间地头干活的奴隶要把头发用布遮起来，而在奴隶主家当佣人的黑人则需要佩戴假发。当时白人对黑人奴隶的歧视与践踏彻底摧毁了他们对自身外貌特征的认同感与自信心，迫使他们向白皮肤、长头发、苗条身材的审美取向靠近。这一点在黑人女性身上表现得尤为突出。对于她们来讲，改变身份与命运难于登天，但改变自己的头发，拥有像白人那样的飘逸长发似乎有方可寻，也能带来些许的心理安慰。

于是，黑人女性开始了与难缠发质的斗争。20 世纪初，美发产品制造商萨拉·布里德洛夫，最富有的非洲裔美国女性之一，发明了一种热力梳，它成为黑人妇女的福音并被迅速推广开来。经过这种梳子打理的头发虽然能够变直变柔顺，但在遇到潮湿空气后便会恢复原状。

直到 20 世纪 60 年代，乔治·约翰发明了化学直发剂，这个问题才得到解决。这种直发剂可以使头发在两到三个月内保持顺直，时至今日，80% 左右的非洲女性仍在使用化学制剂顺直头发。

20 世纪 80 年代，兴起于那个时代的编发、接发技艺掀起了黑人美发行业的一场革命，为黑人女性创造了多样的发型选择，使她们的头发不但可以变长还可以变换颜色，这同时也把她们对头发的审美标准推向了一个崭新的高度。

5 名美发师共同为一位客人编发

如今非洲各国大大小小的发廊仍在使用编发和接法技艺，非洲女性对美丽秀发的追求推动着发型创意不断推陈出新，也催生了巨大的市场需求，带动了一整条美发产业链。

对非洲大陆美发市场的调研报告显示，2014 年在西非国家尼日利亚，美发产品消费超过 4400 万美元，比上一年增长了 11%；在南非，2014 年人们对头发的“投资”比上年增长了 7%；而在东部非洲的肯尼亚，2014 年人们在头发上的花费超过 1000 万美元，美发沙龙营业额增长了 8%；再到北非阿尔及利亚，美发产业的年增长率亦为 8%。

非洲美发产业拥有巨大的发展潜力，许多国际品牌都在拓展非洲市场。非洲市场对假发的需求也促使日本、韩国、中国等亚洲国家大批量生产假发产品销往非洲。在非洲本土，美发行业更是给当地创造了大量就业。

肯尼亚首都内罗毕的肯雅塔市场，这里聚集了 100 多家发廊和美发产品店，可以说是内罗毕的“美发超级市场”。每家发廊雇佣 6 ~ 8 名发型师，基本都

肯雅塔市场门口等待顾客的美发店老板娘们

为女性。图中这些女人都是店老板，坐在市场门口招揽顾客，她们告诉我肯雅塔市场是内罗毕女性最钟爱的地方，不同年龄和职业的女性都会到这里做头发。但激烈的竞争也让她们的生意不太好做，节假日一天十来个客人，平均每人花费2500～4500肯先令（约合人民币178～321元），平日里每天不过四五个客人。虽说竞争激烈，但一个肯雅塔市场也养活了近千名以美发为生的当地人。

"铅笔测试"——种族隔离之罪

当我开始用心了解关于黑人头发的那些事儿时，对于大街小巷各式各样的非洲发型我便不再仅仅怀着欣赏的态度，而是用一颗观察者的心去探寻这些形形色色的发型背后隐藏的故事。

一个偶然的机会，我了解到一个概念——"铅笔测试"，这是黑人头发的故事中最具代表性的一则。"铅笔测试"起源于南非，是种族隔离时代的特有产物。我在南非旅游时与我的导游，54岁的南非女人吉莲聊起这个话题，她说："你无法想象当时的疯狂和愚蠢！"

种族隔离时期，南非的人口登记法要求根据外貌特征和社会经济地位划分人的种族，"铅笔测试"是官方采用的一种简单易行却并不科学的划分方式。测试的方法是将铅笔放置在一个人的发间，如果铅笔自然滑落，这个人"通过测试"，被划归为白人，若是铅笔卡在头发里，这个人"测试失败"，被划归为有色人。

在当时的南非社会，白人掌控着社会经济的优势资源，有色人比黑人享有的权利稍多一些，也就是说黑人处于社会的最底层。这样阶梯式的种族划分让黑人群体生活在水深火热之中，为了争取一些利益，他们想出一个办法，申请二次"铅笔测试"，在测试中摇摇头，如果铅笔落地，就算"通过"，可以变成有色人。

可以想象，拙劣的"铅笔测试"曾经犯下多少"冤假错案"，带来多少不公与屈辱，吉莲给我讲了一个很极端的例子。这个故事发生在1966年，一个名叫桑德拉的女孩儿，是两个白人的后代，她在 11 岁时接受了铅笔测试，却没有通过，于是在她的出生证上，桑德拉被划归为有色人，所有白人学校都拒绝接收她，她和家人都被赶出了白人社区。为了证明女儿的血统，桑德拉的父亲做了亲子鉴定，官方却始终坚持“原判”，没有对桑德拉进行新的身份划分。

镜子里聊天谈笑的非洲女孩儿们

1994 年南非种族隔离时代结束，“铅笔测试”也退出了历史舞台，然而它在南非文化中留下的印记却并没有被抹去。如今在南非的许多博物馆里都可以找到对“铅笔测试”的介绍，吉莲告诉我“铅笔测试”给后种族隔离时代的南非留下深刻的历史烙印，令许多“有色”或“黑色”的南非女性至今仍然不愿坦然接受自己的头发，吉莲说只有那些自由、勇敢、有思想的女性才愿意大大方方地面对自己的头发。

在今天的南非，种族隔离虽然已经成为历史，不同人种之间的矛盾与冲突却并没有消失，种族观念依然投射在南非社会的方方面面，影响着这个国家的发展与稳定。2015 年圣诞节期间，一则南非社会新闻引起不小的风波，事情的缘由是南非一酒店管理员禁止一个黑人男孩儿在泳池游泳，声称白人客人不愿与他共用一个泳池。一石激起千层浪，此事件在社交媒体上引发了长达数月的论战，并让南非社会对种族歧视与种族平等问题进行了新一轮的思考。

“铅笔测试”可以说是南非种族隔离的一个历史缩影，也是黑人头发那些事儿中最痛楚的一段过往。然而往昔岁月并不似过眼云烟，逝去并不意味着消散，头发带给黑人女性的困扰在今天依然存在。黑人女性打理头发很麻烦，必须去理发店，设身处地地想，如果头发变成一种负担，一个烦恼，我们的生活会发生怎样的变化，我们对自己的认同感和自信心会受到怎样的冲击？

美国黑人女作家阿玛·卡里卡里于2014年出版了一部名为《Sunne的礼物》的小说，讲述的是一个叫Sunne的黑人女孩，有着古怪卷曲的头发，而她的姐妹们却拥有顺滑的长发和各自的超能力，于是她成了姐妹们的笑柄。Sunne一直厌恶自己的头发，一门心思想要摆脱命运的不公，而经过一番痛苦挣扎后，Sunne最终发现美丽有着不同的版本，她历经千辛万苦想要摆脱的头发其实是一种难能可贵的美。当她真正接受了自己并不再为周围的非议和嘲笑而苦恼时，她终于找到了属于自己的超能力。

黑人头发的故事背后饱含着历史的变迁，诉说着命运的无奈。殖民、奴役、种族隔离，这些写满血泪史的语汇都铭刻着黑人与他们的头发做“斗争”的心酸过往，那是他们与命运的搏斗，对不公的反击。

回归自然——发型与悦己

与众不同必定引来关注甚至是非议，我想这就是主流价值观给黑人头发下的魔咒。就像《Sunne的礼物》中所说的那样，无论是黑人自身还是全世界其他族群的人们，我们都需要一种超能力，这种超能力可以让我们摒弃偏见，跨越地域，融通种族，拥抱五彩缤纷的美。

让人欣喜的是，随着对黑人头发那些事儿的深入探寻，我发现今天的黑人女性中，已经有越来越多的人开始摆脱与自己头发的对抗状态，黑人头发的故事正在经历着一个新的历史变迁。

新千年伊始，一场拥抱自然发质的运动开始在美国黑人妇女中兴起，她们意识到化学制剂对头发和头皮的伤害，厌倦了用假发掩饰自己，开始推崇自然的发型，大胆地保留并展现她们的非洲发质。

这场从思想延伸到行为的运动也从美国延展到法国最后到达非洲。黑人妇女们不再屈从于主流审美对秀发的定义，与非洲血统及由之带来的非洲发质握手言和。

一次我在内罗毕街边的饮料店巧遇了一对梳着自然发型的母女。母亲卡洛尔，43 岁，带着她的两个女儿。卡洛尔事业有成，不但是公司的部门主管，还是市场管理学博士。

我注意到卡洛尔和小女儿都梳着自然的非洲发型，卷曲的黑发修剪得很短，母女俩还系着用同样的蓝色非洲花布制成的发带，仔细打量，应该是母亲用做衣服的边角料打造出的 DIY 发饰，温情又时尚。我被这样的发型和别出心裁的发饰所吸引，于是便想跟卡洛尔聊聊头发那些事儿。

“我喜欢自然的头发，舒服自在，只有这样的发型才能让我真正感觉到自己的存在。”卡洛尔这样说，她告诉我她现在很少到美发屋编发或接发。

与卡洛尔聊天最大的收获是了解到一个有趣的现象：通过发型来判断一

卡洛尔母女

个人的性格。

卡洛尔告诉我，编着小辫子的女人往往比较温和易相处，属于甜美可爱型；喜欢接发的女人往往善于交际，懂得运用智慧找到捷径，实现自己的目标，也能如鱼得水地游走在各个社会群体中，属于百变交际花型；而留着自然短发的女人则坦率、自信、专注，她们工作效率高，为人爽朗，清楚自己要什么，并执着不懈地追求，属于干练洒脱型。

“非洲女性受得教育越多，眼界越开阔，就越能接受自己的头发。”卡洛尔这样说。职场上的成功给了她充分的自信，不需要担忧别人如何通过外表来评判自己，“我手下的女员工看到我的发型也在改变着她们的发型选择，作为领导，我的做法会影响公司的企业文化。”

卡洛尔说她想以身作则，带动公司里的年轻女性大胆地接受自己、认同自己，自信地展示非洲美。

在殖民时期，非洲人的发质发型曾经制约着他们的职业发展，因为白人看不惯他们的头发，所以对在工作场合中，黑人留怎样的发型有着严格的要求。而如今肯尼亚的职场环境与英国殖民统治时期相比有了很大不同，非洲发质发型不再是职场人士的困扰。1963 年肯尼亚取得独立后，本国人逐步取代殖民者，开始掌握政治经济等各个社会领域，在自己的地盘儿大大方方地做自己也逐渐成为主流。

然而在外来人口和移民较多的国家，社会对黑人发质的不理解、不认同仍在给黑人女性带来职业和生活上的困扰。美国《赫芬顿邮报》曾报道，一个居住在纽约的名叫蒂凡尼的 27 岁黑人女孩身患癌症，却因留着非洲发型而被解雇，《赫芬顿邮报》称这样的案例在美国并非个例，黑人学生、军人、重体力劳动者常因他们的发型受到歧视和不公正待遇。

不可否认的是，今天的非洲仍然有不少女性认为她们的非洲发质不漂亮，会让她们错失晋升机会，错过美好姻缘；究其原因，不过是主流审美仍旧对非洲发质存有偏见。值得庆幸的是，和卡洛尔一样，越来越多精英黑人女性开始倡导自然发型，成为拥抱自然发质运动的意见和行为领袖。

非盟委员会主席祖马、肯尼亚第一夫人玛格丽特·肯雅塔都留着干练的自然发型。获得奥斯卡最佳女配角奖的肯尼亚演员露皮塔·尼永奥曾在接受 BBC 采访时说，“当我停止用化学制剂顺直我的头发，将它们全部剃掉后，长出来的新头发并不像我想象的那么糟。”

卡洛尔在意识到接纳自己本来的面貌对树立自信的重要意义后，她开始有意识地让两个女儿保留自然的头发，让她们从小开始学会悦己，“我发现留短发的时候她们都表现得更自信洒脱，而给她们编上小辫儿，她们就会去模仿电视上的明星，变得不像自己。”

我问卡洛尔 8 岁的小女儿阿利安喜欢留什么样的头发，她不假思索地说，“就像现在这样。”我追问她想不想要又长又直的头发，她摇摇头告诉我，“我自己的头发就很美。”

黑人女性和她们头发的故事，也许要从阿利安这一代开始展开全新的篇章了。

10

雨季总会有阳光——写在恐怖袭击后

尽力自保，生死随缘。这大概是大多数肯尼亚人面对恐怖袭击的态度，这其中有超脱，也有无奈……4 月的肯尼亚正值雨季，每晚一场雨，或急或缓，总能换来次日清晨的一缕阳光，雨季总会有阳光，生活还在继续。

2015 年 4 月 2 日，索马里青年党向肯尼亚东北部城市加里萨的莫伊大学发动恐怖袭击，造成近 150 人丧生，其中 142 人为学生。

袭击发生后的两周时间里，我一直在观察肯尼亚人的生活发生了怎样的变化。当我坐在咖啡厅里写这篇文字时，周围各种肤色、各种职业的人们正享用着他们的咖啡和午餐，谈笑自若，只有偶尔经过的持枪大兵会让人想起这个国家刚刚经历过的生命浩劫。

一切如常。这是我在观察过程中的第一感受，它让我不禁思索肯尼亚人面对恐怖袭击的态度和他们的生死观。

在这次事件中，我是离现场最近的中国人，处理稿件时看到被击毙的恐怖分子的照片，一个很敦实的青年男子，一身黑衣，面朝下，趴在黄色的土地上，侧脸的轮廓看起来很普通。然而，这样一个再平凡不过的躯体下却埋藏着一个充满仇恨的灵魂，他的极端暴力行为夺走了那么多无辜的生命，也葬送了自己的生命……作为一个新闻工作者，恐袭对我来讲从不陌生，在非洲处理恐袭的稿件更是家常便饭。抛开造成恐怖主义蔓延的根源这种大道理不谈，如果把自己放置在一个普通人的位置上，让自己成为一个肯尼亚人，当看到媒体上接二连三地爆出发生在自己国家的恐袭新闻时，我将如何面对？

“生活就是这样，有得就有失，跟做生意是一个道理。”这是加里萨袭击发生后，一家杂货店老板的讲述，袭击过后加里萨城保持着较为平稳的生活状态，只有学校附近秩序混乱。

我的一位同事在加里萨采访的过程中，在教堂里偶遇了一位父亲，他正在为刚出生的孩子做洗礼，这位父亲说：“生命就是这样，有生就有死，生活还要继续。”

远眺内罗毕街景

我的一位肯尼亚朋友对我说：“你永远不知道危险在什么时候发生，就像你永远不知道自己将在什么时候面临死亡，所以该做什么就做什么，平常心最重要。”

平常心，这是不是肯尼亚人在频繁的恐怖袭击中磨练出的一种生活态度？为此我采访了几个不同年龄、不同职业的人。

公司职员

“袭击发生时，我很担心，因为我们失去的是年轻的生命，但我并不惊讶，这些年一直有袭击发生。”肯尼亚首都内罗毕的一位公司职员这样描述袭击发生时他的心理感受，他不愿透露自己的姓名。

从2012年起，索马里青年党在肯尼亚发动的恐怖袭击已经夺走至少600名肯尼亚人的生命。频繁的恐怖活动改变了人们的生活习惯。

“我会采取一些自我保护措施，避免去拥挤的公共场所，如果要去也不久留，我喜欢足球，但现在很少到体育场看球赛。”

2011年肯尼亚政府派国防军进驻索马里，帮助重建战后秩序，据当地媒体报道，此后的几年肯尼亚经历了130多起或大或小的袭击。

“生活在肯尼亚有没有安全感？我没有选择，这是我的国家，不管情况如何，我只能相信我是安全的。”

大学生

“每一个异常的声响都让我觉得恐惧。”聊天时内罗毕大学学生凯希不经意地对我说，眼里流露出无奈。

4月12日，也就是加里萨袭击过后的第十天，内罗毕大学发生学生踩踏事件，造成1死、141伤。缘由是校园内一个变压器爆炸，爆炸发生在凌晨，和加里萨袭击发生的时间段一样。

不少学生听到巨响，以为是恐怖袭击，如惊弓之鸟的他们没有从安全出口撤离，而是从宿舍窗户直接跳下。

“我和我的同学们都比较紧张而且特别小心。”虽然踩踏事件没有发生在自己所在的校区，但凯希说加里萨袭击后，校园里有警察巡视，也有安保人员保护学生和教师的安全，学校处于高度警戒状态，紧张的气氛弥漫在整个校园里。

我不禁想，校园本该是最安宁祥和的地方，可在肯尼亚，校园却成了最危险脆弱的地方。

但对于“凯希们”来说，学业还要继续，他们能做的只有接受现实，处处小心，为自己祈求平安。

行人走过落满花瓣的内罗毕街道

富裕的商人

与较为弱势的学生群体不同，一些肯尼亚人在面对恐怖袭击、暴力事件时，他们不会刻意回避，也不会因噎废食，他们更多地考虑如何自保，颇有“危机生存”的意识。

“恐怖袭击对我的生活有没有影响？当然有，我一直担心我的家人朋友会遭遇不测，好在目前还没有。”米歇尔是个商人，生活富裕，与我接触的其他肯尼亚人不同，米歇尔的自我保护方式更为积极。

“我接受了安全培训，应该比普通人更有自我保护的能力，现在我走到哪儿都会更留意。”米歇尔说，从 2013 年 9 月的恐怖袭击发生后，他就知道恐怖主义的阴霾不会在短时间内散去，他必须学会在这阴霾下生活下去。

尽力自保，生死随缘。这大概是大多数肯尼亚人在恐怖主义阴霾下的生活态度，这其中有超脱也有无奈，无奈的是恐怖主义威胁将长期存在，恐怖主义活动错综复杂，并不能在短时间内得到有效控制，超脱的是生死本无常，没有恐怖袭击也会有生老病死、飞来横祸，与其惴惴不安地活着，不如脚踏实地过好每一天。

4 月的肯尼亚正值雨季，每晚一场雨，或急或缓，总能迎来次日清晨雨过天晴云破处的一缕阳光。

雨季总会有阳光，生活还在继续。

第二章

游历

——游走世界另一端

11

“肉食者”的天堂，舌尖上的 *Safari*

吞下鳄鱼肉，饮下DAWA酒，看刀尖上的惊艳……在非洲做一回“肉食者”，体验非比寻常的美食之旅。

如果在谷歌上搜索肯尼亚最棒的餐厅，你一定会发现一个叫作“肉食者”（Carnivore）的烤肉店。始建于1980年，两度被英国著名饮食杂志《Restaurant》评为全球最好的50家饭店之一，使得“肉食者”成为肯尼亚美食的头号招牌。

Carnivore“肉食者”烤肉店店门

巨大的木板菜谱

我在“肉食者”餐厅遇到一对来自瑞典的夫妇，他们来肯尼亚度假，在网上做旅行攻略时了解到“肉食者”，决定一定要到这儿享用饕餮盛宴。丈夫迪伦告诉我，能吃到别的地方吃不到的稀有肉种，这是“肉食者”对食客们的最大诱惑。

珍馐野味新奇肉

鸵鸟肉、鳄鱼肉，不知道你是否品尝过，我在到非洲生活之前，从来没有尝试过这些野味珍馐，于是充满好奇。

历史上“肉食者”曾经提供品种繁多的各类野生动物肉，而随着《野生动物保护法》在肯尼亚的健全和实施，如今许多肉类都被禁止食用，但鸵鸟肉、鳄鱼肉等平常餐桌上难得一见的肉种还是得以保留。有朋友说鳄鱼肉像鸡肉，只不过肉质更粗糙，口感更紧实，而在我看来，什么口感倒是其次，关键是吃鳄鱼肉让我感觉自己是个茹毛饮血的野蛮人，即使只吃小小一块，也觉得像是吞下了整条鳄鱼，僵硬地躺在胃里，怎么也消化不掉。

与“肉食者”这个霸气的名字最相得益彰的便是那别具一格的菜单牌——一个近两米高的木板，上面醒目地标着菜名和价格。看着这个超大板的菜谱，不禁觉得自己的食欲和胃口也变得无限大，仿佛真成了个食肉动物，能吞下成堆的肉。

木板菜谱上美味珍馐的价格一目了然，如果选择 3100 肯先令（约合人民币 221 元）的午餐套餐，就可以享用菜单上的所有烤肉，性价比颇高。

刀尖上的惊艳

“肉食者”烤肉店配有专门的切肉师，他们都是训练有素的刀尖“艺术家”，以惊艳的刀尖技艺，让食客在品尝美味的同时，还能享受美妙的视觉体验。切肉师身着颇具热带风情的花布衬衫，拿着铁钳穿好的各类烤肉，在店内来回穿梭，看到有需要的食客，便走到桌前娴熟利落地切下一片片油汁丰满的烤肉，动作干净干练，还不失潇洒帅气。切肉时他们笑容满面地与客人聊天，询问烤肉的味道如何，并向客人介绍各种酱汁与烤肉的搭配方法。切肉师热情洋溢、专业干练的服务让整个用餐过程变成了一次惊喜不断的味觉体验之旅。

切肉师戴维告诉我，熟练地掌握各种肉的切法要经过两到三个月的学习。比如牛肉，通常一面肥一面瘦，切肉时要掌握好两面的平衡，否则肉会很快变干，影响口感。再比如羊腿，羊腿周身肥腻多汁，因此切的时候不必考虑平衡，只需从上到下绕圈切。

最难的要数火鸡，一个火鸡重达 6 ~ 7 千克，切的时候要严格按照部位，

戴维用 V 形切割法为食客切火鸡肉

在“肉食者”享用美食的瑞典夫妇

先切腿，再切翅膀，然后按照V字形逐层切，顺序稍有错乱火鸡就可能从铁钳上散落，无法再食用。

戴维告诉我，作为切肉师的另外一项必备技能是对各种酱汁与肉的搭配了然于心。Tikka Masala配牛肉，Garlic配鸡肉，Fruit Salsa配猪肉，Mint配羊腿，Chili可以搭配所有肉，只有将酱汁与肉的正确搭配告诉客人，才能让他们收获最佳味觉体验。

烤肉师与切肉师

肯尼亚第一大烤炉

如果说“肉食者”是个中央厨房，切肉师负责把刚出炉的烤肉送往食客的餐桌，让美味能够在第一时间亮相，那么烤肉大厨则是用他们的耐心与创造力为打造这一刻的华丽亮相做足准备。

“肉食者”烤肉店的大厨每天上午十点半开始烤肉，平均每天烤肉50千克，

红彤彤的大烤炉

工作 7 ~ 8 小时。在这段时间里他们一直要围着这个名叫“MEKO”的大烤炉工作，烤炉的温度高达 47 ~ 50℃。

我在烤炉旁和大厨聊天，不到十分钟我就满头大汗，觉得脸颊在燃烧。大厨理查德说要适应一段时间，刚开始他只能站在离烤炉较远的地方，现在对高温已经浑然不觉。

这个大烤炉是整个烤肉店的中枢，源源不断地向食客输送美味。烤炉旁通常有五位工作人员，包括厨师和切肉师，烤炉上挂满的一圈烤肉能满足 40 ~ 50 个客人的食量。

肯尼亚第一个采用这种大火炉集中烤肉的饭店就是“肉食者”，这种开放式的烤肉模式也成为饭店的一大景观和保留特色，来往的食客都要在此拍照留念，留下红彤彤、油滋滋的美食记忆。

秘制酱汁与鸡尾酒

大厨理查德告诉我，“肉食者”的烤肉之所以鲜嫩多汁是由于在上炉烧烤前所有的肉上都要涂抹一种店内秘制的调味汁，这种调味汁由油、水、柠檬汁、胡椒等调味料制成，能够保持肉的嫩滑口感。

大厨理查德

理查德说凭他的经验，看一眼便知肉烤到什么程度，调味汁是否已经渗透到内层，烤肉师们不但要能熟练地掌握火候，保证肉质的最佳口感，还要进行酱汁创意，为食客创造味蕾惊喜。

理查德指着一种用于鸡肉和猪肉的酱料骄傲地说：“这是我的创意。”他说酱汁由黑白胡椒、姜、咖喱等调味料制成，最重要的是蜂蜜，它让酱汁拥有独特的丰满口感，说着理查德自豪地把他的独门酱汁刷在烤肉上。

几轮烤肉下肚，人们可能会觉得胃里没了空间，这时“肉食者”还有独门特质的鸡尾酒 DAWA，为食客的肠胃添加动力。这种酒由青柠、蜂蜜、伏特加、白糖制成，DAWA 在斯瓦希里语中的意思是“药”，这款酒的作用就

特色鸡尾酒 DAWA

鸡尾酒树

是让人饮后重振食欲，继续“战斗”。DAWA 风靡肯尼亚，据说内罗毕很多饭店都效仿“肉食者”调制的 DAWA，但至今还没有人能够复制与超越。

用餐的最后还有一个心思巧妙的小设计，就是如果真的吃不下了，就把桌子上的小旗子放倒，这时切肉师便知道食客已经酒足饭饱，不会再到桌前奉上美味。

餐桌上的“信号旗”

作为一家拥有近 40 年历史的饭店，“肉食者”已经成为内罗毕名副其实的美食地标，累计接待了 200 万名来自世界各地的食客。肉食盛宴，味蕾惊喜，“肉食者”让食客通过味觉感受非洲的狂野与热情。

“肉食者”的美食之旅给我留下的印象鲜活而深刻，从珍奇肉种，到特色服务，再到秘制酱汁，这家烤肉店为人们打造的美食之旅非比寻常，让味蕾驰骋在广袤的非洲大草原上，不愧为一次舌尖上的 Safari。

小谈非洲饮食文化

如果非洲的饮食文化让你感到神秘而又陌生，这并不奇怪。非洲可以说是世界上最具多样化的大陆，拥有 55 个独立国家，每个国家都有自己独特的文化和风俗。拿尼日利亚来说，单单这一个国家就有 500 多种语言！语言、文化和风俗习惯的多样势必使得饮食也极具多样性，与此同时，殖民和人际交流把新的经济作物和食物原料带入非洲，使得非洲本土饮食文化受到欧洲、东南亚、中东饮食文化的共同影响。

文化与传承：在非洲大部分地区，美食的技艺由妇女掌握，烹饪技艺的传承是从妈妈到女儿，一代代口耳相传。在餐饮界，称得上非洲美食大厨的人很少，大部分非洲厨艺还没有被正规化、专业化，非洲美食的菜谱、制作程序至今仍然是世界上最缺乏记载与归类的话题之一。

六大区域美食：要了解非洲饮食文化，最好的方式是按地区分类，具有鲜明特色的地域美食大概有六类，分别是北非、东非、西非、南非、中部非洲和非洲之角，而这六大区域美食又因各自的殖民史而受到外来饮食文化不同程度的影响。

食材：在整个撒哈拉沙漠以南地区，玉米都是非洲人最主要的食材，其次蔬菜也是餐桌必备，炖炒蔬菜是非洲美食中很重要的一部分。

厨具：六大区域美食所使用的厨具也各具特色，非洲地区仍然大量使用露天厨房或是木柴炉火，但这并不妨碍他们烹调出诱人的美食。

Carnivore 烤肉店的户外烤炉

12

探秘原始马赛村

未经现代文明洗礼的马赛村里，人们吃着自给自足的食物，挣微薄的钱贴补家用，期望未来的日子里，生活能有些许好转，世世代代，仅此而已。走进这个村庄，走进原始部落生活。

马赛族（Maasai）是活跃在东非地区的游牧民族，人口 90 多万，集中在肯尼亚和坦桑尼亚。马赛人至今仍然生活在传统的部落制度下，民风民俗保留完整。

我于 2014 年 12 月走访了位于肯尼亚中西部莱基皮亚郡的马赛村庄。走进这个小村庄，首先闯入视线的是一个正在挤骆驼奶的小男孩，他手里拿着一个塑料瓶，站在吃奶的小骆驼旁边，边挤边喝。

听到我们拍照的咔嚓声，小男孩转过脸，冲我们微笑，沾了满脸的骆驼奶也跟着绽开了花。

他叫查尔斯，今年 10 岁，骆驼奶是他的主要食物来源，也是他们家重要的收入来源。正和查尔斯交谈之际，远处走来一个背着孩子的马赛女人。她是查尔斯的妈妈，从相貌看，这是一位年轻的母亲，背后背着 3 岁的小儿子。

妈妈塔图告诉我们，她们家唯一的收入来源就是骆驼奶，查尔斯每天能收集大约 5 升骆驼奶，送到村子里的收购中心，每升骆驼奶能卖大约 30 肯先令，也就是说，她们家一天的收入是 150 肯先令，约合人民币 10.7 元。

挤骆驼奶的查尔斯

查尔斯和妈妈

我的镜头和提问让这个年轻的马赛女人面露羞涩，与我交谈时她不敢直视，目光移向远方，黝黑的皮肤丝毫没有掩盖她俊秀的五官。

马赛人没有固定的居所，哪里水草肥美哪里就是家。塔图一家居住的村庄对面就有刚从其他地方搬来的马赛人，他们临时搭起的帐篷十分简陋，一阵急风就能把帐篷吹倒。

决定在某个地方暂时居住的马赛人会建造茅草屋，每间茅草屋面积不过 4

查尔斯年轻俊秀的妈妈

马赛人居住的茅草屋

平方米，没有床，没有厕所，更没有水电，只有简单的做饭工具。一个村庄由4 ~ 8 个家庭和他们的牲口组成。

一个抱着孩子的马赛妇女邀请我到她家参观，屋子里非常暗，没有窗户，墙壁凿一个小洞便是唯一的光源，所以拍照非常困难。屋内陈设更是让人吃惊，泥土和木柴把屋子分成做饭和睡觉两个区域，做饭的区域中间有个柴火堆，旁边随地摆放着些碗筷，上面爬满了蝇虫；睡觉的区域地上铺着些编织袋和碎布头，不但不卫生也毫无舒适可言，这就是马赛人的家。

马赛人流动的放牧生活非常不利于孩子接受教育。10 岁的查尔斯还没有上学，在被问到长大后想做什么时，他看着草地想了很久，说想当司机。我在

马赛族一家人

马赛村停留的一个多小时里，查尔斯总是在周围跑来跑去，印象最深的是他沾满泥土的双脚，虽然鞋子很破，脚下的道路泥泞不堪，却阻挡不了他奔跑的步伐。也许想当司机的愿望就是源于这奔跑的欲望，他希望用比自己双脚更快的方式走出草原，走进外面的世界。眼下小查尔斯的境况很差，但我希望奔跑的他有朝一日能够实现自己的愿望。

对于妈妈塔图来讲，她对未来的期望简单平实，她说只想把家照顾好，有足够的收入让孩子上学，其他别无所求。这便是原始马赛村的生活，吃着自给自足的简单食物，挣微薄的钱贴补家用，期望未来的日子里生活能有些许好转，世世代代，仅此而已。

在我们快要离开村庄时，塔图特意从家里追过来，戴了节庆时才佩戴的饰品，让我给她拍照，此时的她已经不似刚见面时那么羞涩，独具民族风情的饰品映衬着她灿烂的笑容，那是马赛人未经现代文明洗礼的生活中最美的瞬间。

奔跑的少年查尔斯

13

在非洲四国遇到“世界”

在世界上唯一一个四个国家交汇于一点的地方，我有过许多美好的相遇。我常常想，有朝一日若能重返“非洲四国”，又会有怎样的不期而遇，又将会是怎样的一副光景……

Kasane，博茨瓦纳北部小镇，赞比西河及其支流乔贝河流经此处。在Kasane穿行，我的手机收到来自四个国家的欢迎问候：博茨瓦纳、津巴布韦、纳米比亚、赞比亚。

打开谷歌地图，自己正处在“四国点”上！1990年，美国中央情报局编撰的世界概况中，第一次提到了“四国点”的概念，也就是Kasane所在的位置。

一路蓝蓝的天，挂着朵朵白云，道路只占画面的四分之一，四国交界处仿佛把全世界的蓝天都框在了我的眼前。

第一天：乔贝日落

车子没走多远，我们到达了Garden Lodge（花园小屋），也就是我们一行人在Kasane的家。

迎接我们的是当地人莉莲、德国人保罗和英国人格蕾丝。保罗和格蕾丝是花园小屋的管理员，格蕾丝热情干练，一边帮我办理手续一边同我聊天，她告诉我整个旅店只有八套房间，我住的那一间最为别致。

办完入住手续后保罗带我去房间，走过门厅，一片幽静的花园徐徐展开，保罗说："你看，这就是乔贝河，一会儿你就可以来看日落了！"但是保罗提醒我说，花园小屋的院落里经常有大象、河马出没，他嘱咐我不要夜间和清晨到河边散步。

除了临水而建的花园，房间里的布置也很切合花园小屋这个设计主题，散落在床上和藏在房间各个角落里的花瓣都让人感受到主人细腻的心思。保罗告诉我，花园小屋的主人是位德国女士，养了三只大狗，欧洲经济不景气，她决定到南部非洲碰碰运气，于是便建造了可爱的花园小屋。

心系着乔贝河上的日落，我丢下房间里的花瓣们，去赴与太阳的傍晚之约。莉莲是我 Kasane 之行的工作伙伴，她是当地一所学校的老师，乔贝河流经的地方水草丰美，赋予这片土地多样化的动物种群，也养育着像莉莲这样的当地人，她告诉我："我们这儿的经济和社会发展主要靠旅游业，教育也是如此，我的学生中很多人都是靠旅游业创收提供的助学金读完大学的。"

我跟莉莲聊着天，等待着傍晚来临。不知不觉天色暗下来，我连忙抄起相机，奔向乔贝河边，谁知太阳已经把自己埋了一半在河水中，于是我决定更多地用眼睛记录这次约会。

落日虽是即将隐去的光明，却依旧灿烂辉煌，它匆匆离场，却在这短暂的时间里演绎醉心的一瞬，它华丽的半个身影让天空尽染艳色，随后悄然离去，留下漫天的期盼，期盼次日的旭日东升。

我喜欢这种轰轰烈烈的美，更喜欢乔贝河用它的宁静和缓承载着落日余晖，延续明艳的告别，烘托华彩的落幕，而它还是那样静静地流淌，从容地走着自己的路，并不因太阳的夺目而乱了方寸。

这是浓烈与恬淡的完美结合，是乔贝落日的独特韵味。

第二天：环游世界的瑞士老夫妇

晚餐时间，我再度到乔贝河边散步，迎面走来一对银发夫妻，看样子一定是欧洲人，老爷爷的络腮胡散发着一种独属于欧洲人的古朴气质。

乔贝落日

走近他们，我听到略带口音的法语，猜得没错。老夫妻冲我慈祥地微笑，让我倍感温暖，那种温暖就如同看到一对老夫妇手牵着手散步时心里泛起的感动一样。这对老夫妻虽然没有手牵手，可他们从我身边走过时，这样的感动就涌动在心头。不需要任何言语或动作，他们周围的空气里便弥漫着岁月携手中沉淀的爱。

花园小屋每日的晚餐是所有住在旅店里的客人相聚的时刻，值班店员也和客人一起享用晚餐，聊聊在 Kasane 的见闻和彼此的故事。

我正好坐在老夫妻旁边，便开始跟他们聊天。他们来自瑞士，游览过世界上很多国家。“我们去过中国，在北京的时候好多人想跟我照相，还有人喜欢摸摸我的胡子，有的人想照相又不敢，我就招呼他们过来，后来好多人排着队跟我们照相，特别有趣儿。”老爷爷说着，嘴角笑开了花，胡子也翘起来，像圣诞老人。

“现在好多中国人、印度人去瑞士旅游，看雪山，滑雪，我们在瑞士也经常滑雪、冬泳，剩余的时间就去走世界。”老奶奶笑盈盈地对我说。她脸上的妆容低调又精致，她的手我特别喜欢，虽然布满岁月的褶皱，但指甲依然经过精心的修剪，涂着肉粉色的指甲油，结婚钻戒闪着微光，从这双手便可以知道，她爱自己，爱生活，爱身边这个男人。

谈及眼下瑞士人和中国人的生活，我告诉他们生活在中国的大城市压力很大，许多物质的追求成了人们的束缚，绑架着年轻人的梦想、爱情和自由。老爷爷说：“每一代人都有各自的烦恼，有些能解决，有些解决不了，生活就是这样。”这话听起来平淡无奇，却令我印象深刻，爷爷说这话时眼睛望向远处，回忆也跟着飘向了远方。

平静优美的乔贝河

我想爷爷这一辈子必定也经历过种种风浪。我们这一生都要经历种种风浪，眼下的烦恼困窘，到了爷爷这个年纪不过是一段回忆，或厚重，或轻盈，或值得铭记，或不愿想起，但总归都已尘埃落定。如此想来便觉得人应该时时刻刻都怀有拥抱生活的态度，别让现实烦扰了我们的梦，几十年后当我们也变成爷爷和奶奶，种种的烦恼与困窘都会是人生中值得回望的一幕幕。

晚餐后的次日清晨，爷爷奶奶要离开前往他们非洲行的下一站，临别时我向他们行贴面礼，忘记了瑞士贴面礼跟法国不一样，要行三次，奶奶提醒我：“是三次哦！”然后又深深地给了我一个拥抱。

看着这对老夫妇，我不禁想，几十年后若能携人生伴侣再度来到“非洲四国”，遇见美好的不期而遇，那将会是怎样的光景？

第三天：骑摩托穿行南部非洲的美国帅哥

第三天，依然是晚餐时间，桌上多了两个年轻白人，一个小鲜肉型，一个码农型。

小鲜肉：美国人，现居华盛顿，身高 1.83 米左右，头发凌乱，戴眼镜，眼睛深邃，友善健谈。他从事机械设备出口工作，曾在卢旺达工作一年，从此爱上非洲，此行是陪同他的哥们儿码农同学完成从赞比亚到南非的摩托车骑行之旅。

码农：美国人，现居赞比亚，身高 1.78 米左右，头发稀少，面庞圆润，体型微胖。码农欲长居赞比亚，扎根非洲，从事软件开发工作的他认为自己在非洲可以大有作为。

哥俩喜欢在晚餐前的傍晚及晚餐后的夜晚坐在房前的藤椅上，点支烟，看星星。码农话不多，却在次日早餐时突然问我：“我看到你的同事晚上拍星星，有没有什么超级美的照片给我们看看？”看起来内向的码农同学心里其实住着个小王子。

说到星星，我想讲一个“非洲四国”旅行中的小插曲。一天采访结束后回到旅店，我突然发现自己的手机不见了，仔细回想了最后一次用手机的时间，认为手机一定是落在了采访活动的现场，于是赶快叫了同事帮我一同去找。从我们住的酒店到采访进行的地方要驱车前往，而且当时已经是晚上九点多，管理员保罗很热情，开车载我们前往。

那一路上 Kasane 壮美的星空让我丢了神，完全顾不得想手机的问题，只顾抬头看天，大呼好看，那是我看到过最浩渺的星空，干净透彻，点点星光闪耀，银河系清晰可见，铺展在 Kasane 的夜空中，带走我所有的想象。同行的伙伴一面鄙视我没见过星星，一面责备我心怎么这么大，手机都丢了！我当时的想法是，这样的星空我不使劲儿看看，回国就没机会了，手机的问题顺其自然好了。

风格独特的“花园小屋”酒店

小的时候我曾誓言要当天文学家，终日捧着本讲外星人的书“钻研”，却从小学二年级之后就再没有看到过浩渺的星空，从那之后我对星空的向往更加浓烈。我认为世间最浪漫的事就是坐在小山头数星星，想象每一颗星星的实际模样，Kasane 让我实现了这样的梦想。丢了的手机也被采访活动主办方捡到并安好地保留着，很让我感动。

回到鲜肉与码农，鲜肉谈论的话题比他兄弟要接地气得多，不会问有没有星星照片这种富有浪漫情怀的问题。“你知道吗，我老妈酷爱四川火锅，我也一样，我们经常点中国外卖吃。”鲜肉说除了卢旺达，他还在巴基斯坦工作过，目前正准备找个南美洲国家工作一两年，他可真算得上是年纪轻轻，阅历丰富。

早餐过后，我看到鲜肉和码农全副武装起来，擦亮他们的座驾，继续骑行之旅。

来到非洲后，许多人会爱上这里，就像鲜肉和码农，一个定居非洲，一个与非洲结缘后便再也断不了这份情。

非洲是美好的，但在我们的刻板印象里，却永远无法把它与美好等同。

我在非洲悟到一个道理：世界上的每一个地方都有它的美丑与祸福。如果把世界上最发达的国家美国和非洲做个对比，我们一定不能肤浅地认为身处美国就见不到世间丑恶，也不要认为身处非洲就看不到人间美好。非洲的不幸在于人们用成见将它妖魔化，美国的幸运在于人们用盲目崇拜将它天使化。所以，这个地球上的每一个国家其实并没有太大的好坏之分，关键在于人心，你若美好，处处皆有花开。

第四天：与动物保护者的唇枪舌战

在 Kasane 的最后一天，我乘船游览乔贝河，它的美，无须赘言。乔贝河的左岸是纳米比亚，右岸是博茨瓦纳，乘船游览时，可以近距离看到大象、犀牛、河马等动物。

当游览快要结束时，已经是黄昏，水波映着天边的柔光，时间仿佛凝固。

乘船观赏大象

我沉静在静谧的美景中，想找到合适的语言来形容它，于是便拿起笔记本电脑开始记录，旁边一位黑人男士好奇我不看风景看电脑，便凑过来跟我聊起了天。

他叫米歇尔，在一个非政府组织从事大象保护工作，是肯尼亚人，与他同行的同事叫杰森，是一个南非白人，聊天后得知他们当晚也要住在花园小屋。

晚餐时间，我与新结识的两个友人聊起了动物保护。我们从开胃菜聊到餐后酒，起初是我作为外行向他们了解动物保护工作，随后便演变成了一场“论战”。一个肯尼亚人，一个南非人，一个德国人（店员）和我。

“中国人为什么买象牙？你们如果不控制，我们没办法保护大象。”三个老外观点一致地向我抛来问题。

“在非洲，你们为什么不严厉打击偷猎行为，不把问题扼杀在源头？”我反问。

“你的逻辑不对，因为有需求，有利益驱使，怎么控制？”德国人开始摆出一副占领道德制高点的样子。

“你不能这么说，你告诉我中国这些年抓了多少非法购买象牙的人？”肯尼亚人开始代表非洲推卸责任。

“好，那你告诉我肯尼亚这些年抓了多少非法盗猎者？”我再度反问……

如此刀光剑影几个回合，好险，三对一，好在我没有败下阵来。“论战”其实没有输赢，大家不过是茶余饭后聊聊天，遛嘴皮子玩儿，也增进了彼此的了解。

这种相遇很神奇，在非洲四国交界处的一个小旅店，来自世界各地的人们在这里短暂地相聚又分离，在彼此的人生轨迹中留下一个交点。这个交点在未来的日子里很难再重现，然而我相信大家都会深深地记得这样的相遇，因为它发生在“四国点”，一个如此特别又美好的地方。

乔贝河风光

非洲四国交界处旅游贴士

由于时间紧张，我并没有去位于津巴布韦的世界三大瀑布之一维多利亚大瀑布。但如果你计划一次非洲之行，非洲四国是一个不错的选择，当地不少旅行公司有一天游览四国的项目。

但四国交界处好玩的地方太多了，用一天的时间游览只是一种体验，若要好好体会这片神奇的土地，还是要选择其中一国住下来，由此为出发点，游遍周边的美景。去看看博茨瓦纳俊美的大象，博茨瓦纳是非洲拥有大象最多的国家；去维多利亚瀑布体验惊险的瀑布泳池；乘船游览乔贝河，听当地人讲讲乔贝河流向发生逆转时的有趣情形。世界上唯一一个四个国家交汇于一点的地方，你会爱上这里！

14

奔向安博塞利！

我不再穿梭在高楼林宇间，看着形形色色的人们麻木不仁的表情，想着各种烦心糟心悬而未决的问题……第一次置身于一种全新的生命体系中，它的美好与纯粹瞬间击破了所有属于世俗尘嚣的枷锁。奔向自由！去赴一场生命的庆典！

到达肯尼亚后，第一次前往野生大草原的旅行是在距离内罗毕 140 多千米的安博塞利自然保护区，它身处肯尼亚与坦桑尼亚的边界，那里有巍然挺立的非洲第一高峰乞力马扎罗，也有成群的大象，那是一个激情澎湃的所在，是我游走世界另一端的开端之旅。

临行前的那一晚我在网上做了简要的攻略，激动得热血沸腾。Safari！我将迎来人生中第一次 Safari！那一晚我几乎没睡，想象着自己去摸摸狮子，骑骑大象，这些“痴心妄想”不免会被你嘲笑，可这天马行空的想法不停地在我脑海中盘旋，当时的我像个走进新世界的小孩，内心充满着好奇与想象。

驱车前往安博塞利需要四个多小时，随着车子与市区渐行渐远，草原开始在视线里铺展开来，无边的视野里，几棵金合欢树不经意地出现在画面里，像一朵朵雨伞，稀稀落落地散布在草原上。车轮碾过的痕迹一路为我开启平生从未谋面的风景，载我驶入辽阔的非洲。那时的我感觉自己牵着太阳，呼吸着阳光、蓝天与草地的味道，不，是非洲的味道！

第一次驰骋在非洲大草原上，顿然觉得，没有了恼人的雾霾、熙熙攘攘

草原上的一棵金合欢树

的车流和令人窒息的高楼大厦，世界可以变得如此层次分明、错落有致、清亮美好。

一路飞奔的车子突然慢下脚步，不是人累了需要休整，也不是车子累了需要加油，而是长颈鹿来了！

只见一只长颈鹿天真烂漫地冲着车子的方向跑来，这个长脖子大眼睛的家伙跑起来摇摇晃晃，凑近了突然停下，睁着两只圆圆的眼睛盯着我们的车子，小犄角直挺挺地透着可爱，端详了片刻，它发现自己并不认得这个铁皮家伙，算了，长脖子一掉头，又摇摇晃晃地跑走了。

凝视着镜头的长颈鹿

那是我第一次见到野生长颈鹿，而且是从路边的草原上突如其来冒出来的！它让我头一次找到了与大自然融为一体的感觉。

那是一种远离尘嚣的畅快感觉，我不再穿梭在高楼林宇间，看着形形色色的人们麻木不仁的表情，想着各种烦心糟心悬而未决的问题，我突然意识到，那些问题只属于人类，是这个既智慧又愚蠢的生物给自己套上的枷锁。

极目所至，映入眼帘的唯有一望无际的草原、蓝天和向我奔跑而来的长颈鹿。我第一次置身于一种全新的生命体系中，它的美好与纯粹瞬间击破了所有属于世俗尘嚣的枷锁。

即使在贫瘠的草原上，金合欢树也可以肆意地延展自己的枝叶，长颈鹿可以自由地奔跑，毫不设防地望着人类，然后眨眨圆圆的眼睛，继续它们悠然自得的生命旅程。生命本美好，世界本美好，不美好的也许是我们自己。

正想着，车子驶进一片近乎荒凉的草地，路面极其颠簸，闭着车窗都能闻到呛人的泥土腥味，再看看窗外，枯树芽，大石头，偶尔飞过一两只小鸟，我们到达了即将入住的酒店腹地。

什么？这么荒芜的地方还有酒店？那会是什么样？

正琢磨着，土腥味渐渐淡去，一个个小茅草房浮现在眼前，车子继续前行，驶入了平坦的道路，眼前豁然开朗，出现修建整洁的房舍，红色、粉色的花朵怒放着，画面立刻从荒芜的草原转换到风格别致的非洲客栈。

非洲风情帐篷房

帐篷房外一棵树上挂满鸟巢

这就是独属于非洲的情调，粗犷中总能觅到精致，贫瘠中总能找到绿洲，干枯的大地上总能怒放艳丽的花朵。

我们居住的客栈有两种房型，帐篷房和砖房，我选择了帐篷房。我的房间外有一丛丛的鲜花和一对小桌椅，住在安博塞利的那一晚和第二天的清晨我都端着一杯浓郁的肯尼亚红茶，坐在屋前的小桌椅旁仰望天空。安博塞利夜晚的星光闪烁和清晨的霞光万丈都被我尽收眼底。印象最深刻的是空气中弥漫着的野性味道，那种野性不令人生畏，不叫人胆寒，带着博大的情怀和生生不息的律动，那气味叫人想要狠狠地将它吸入体内，激活最奔腾的血脉；如果用画面表达我当时的感受，最恰当莫过于电影《狮子王》中小辛巴诞生时旭日东升、百兽朝拜的场景，那是对生命的敬畏与朝拜。

在安博塞利，我进行了两次 Safari，一次是到达当天的傍晚，一次是次日的清晨，两次 Safari 都收获满满。

傍晚的安博塞利显得有些慵懒疲惫，动物也一样。即便如此，我也在傍晚时看到了大批的斑马、角马、羚羊，还有大象。大象的出现总是成群结队，一家人，两家人，或很多家人聚集在一起，爸爸妈妈领着象宝宝，小象宝宝会不时地凑到妈妈身下吮吸乳汁；它们有时要穿越车道，小象总是落在后面，象妈妈便在路中央等着，煽动着大耳朵，时不时翘起长鼻子，目光中浸透着慈爱。

当它们穿过车道，慢慢地走向草原深处时，结伴而行的背影在夕阳下美得动人，这是一幅爱意浓浓的画面，是大自然中最祥和温情的一幕。

安博塞利的象群

最令我震撼的是次日清晨的Safari。六点从酒店动身，空气格外清新，乞力马扎罗山跃然眼前。斯瓦希里语中，乞力马扎罗的意思是“灿烂发光的山”，日出时分，乞力马扎罗的雪顶的确折射出一层光晕，半山腰的云层像一条腰带，轻柔地系着雄浑巍峨的非洲第一高峰。山脚下，草原大张旗鼓地铺展开来，阳光透过云层，毫无保留地一束束投射在草原上，偶尔冒出的一棵金合欢树生长得那样繁茂，成群的动物沐浴在晨光中，它们逐水觅食，奔跑嬉闹，向着乞力马扎罗的方向，朝拜着这片赐予它们生命的大地。这是它们的乐土，它们在这里度过一个个昼夜，周而复始，生生不息……

看到这样的画面，我脑海中只出现一个词语：力量！生命的力量。

清晨的乞力马扎罗山

清晨的安博塞利还赐给我一份大礼，第一次近距离观察狮子。那是一群雌狮，不像雄狮那般凶猛，多了些秀气俊美，它们离我不过七八米的距离，安静地卧在那里看着我，目光中全然不见锐利与敌意。我的想象力再度开始天马行空，想象着自己走下车子，凑上去摸摸它们健美的身躯，正想着，狮群穿过

乞力马扎罗山脚下快乐享用早餐的小象

马路向草原的另一个方向跑去，其中有两只小狮子，一会儿跟着大部队跑，一会停下来在草原上打闹，它们抱在一起翻滚，你挠我一下，我敲敲你的脑袋，好不快活！

虽然我的身体还在车子里，但我的心早已奔向这片大草原，跟狮子们一同嬉戏，跟角马、斑马、羚羊一起驰骋在这片生机勃勃的大地上，奔向自由，去赴一场生命的庆典！

15

一场别开生面的非洲婚礼

作为一个外国人，站在本土文化的藩篱之外，总是对非洲人的爱情、婚姻与传统婚俗充满好奇。一场热闹非凡的非洲婚礼让人觉得，也就是在非洲这片炙热的土地上，爱情、婚姻才得以被如此浓墨重彩地演绎。

在非洲我一直有一个愿望——参加一场非洲婚礼。

作为一个外国人，站在本土文化的藩篱之外，总是对非洲人的爱情、婚姻与传统婚俗充满好奇，也憧憬着亲眼见证非洲人如何庆祝喜结连理的美好时刻。爱情，在炙热的非洲大地上是如何被演绎的呢？

记得那是四月里的一天，我的肯尼亚同事欣喜地通知我，他的一个好朋友很快要结婚，邀请我同他一道去参加婚礼。“老天知道你的愿望，特意在你离开肯尼亚之前准备了一场婚礼！”同事满脸笑意地对我说，在我到达肯尼亚不久后，我便把想参加非洲婚礼的愿望告诉了同事，他一直都把我的愿望记在心上。

我清楚地记得，婚礼于 4 月 9 日举行，如今回想起这场婚礼，若要用一个词形容它，那必定是别开生面！

同事的朋友是一对基督徒，新郎埃马纽埃尔，新娘贝丽尔，婚礼的举办地是位于内罗毕市区的伍德利教堂，包括新人宣誓、牧师颁发结婚证书等环节，跟西方的教堂婚礼大体相同。在新人宣誓之后，牧师把政府颁发的结婚证递交

新娘把结婚证书插在新郎口袋里

给他们，我抓拍到了新娘把结婚证书插在新郎西服口袋里的瞬间，她脸上洋溢着幸福甜蜜的笑容，如同每一个嫁给爱情的幸福新娘。

我特意用远景画面来记录这个瞬间，把焦点落在眼前一束淡紫色的玫瑰花上，清晰的玫瑰花瓣映衬下新人幸福的身影，幻化成梦幻的轮廓。代表爱情的玫瑰在照片中那样鲜明，而那对梦幻模糊的幸福身影则象征着我心里千千万万对的新婚夫妇，我无缘见证更多的非洲婚礼，只想让这张照片永存于心间。

玫瑰映衬下的新人

婚礼现场的主色调是紫罗兰色与白色，浪漫的装点同西方国家和国内城市的婚礼布置相差无几。正当我心里想着这是一场西方化的婚礼，或许已经丢掉了非洲基因时，一阵欢快的鼓点响起，一群身穿草裙的妇女聚集在教堂门口，在她们一阵嘹亮的欢呼后，新郎与新娘开始舞动，踏着鼓点，扭动着腰肢，带着宾客一路走出教堂。

此时的我还沉浸在教堂仪式的神圣庄严中，还没从浪漫的紫玫瑰照片中回过神来，谁知婚礼竟突如其来地转换了乐章，从典雅舒缓的序曲一下子转换成狂野奔放的变奏曲，我忙不迭地把相机调到速度优先状态，以便抓拍到新人舞动的最佳身姿。

婚礼教堂门口身着草裙载歌载舞的妇女

踏着律动的鼓点走出教堂的一对新人

在教堂门口身穿草裙、敲击鼓点、欢呼跳跃的妇女是卢欧族人，与新娘是同一个民族。新人在教堂中央的过道舞动着，与宾客一路相随，踏着民族舞的步伐走出教堂。在教堂门口，新人与家人朋友合影留念，随后在草裙表演者的欢送下，新人暂离婚礼现场，去拍摄婚纱纪念照。

婚礼进行到这儿，我才意识到这并不是一场纯粹的基督教婚礼，庆典中突然涌现出的非洲元素和浓郁的民族风情，使它成为一场传统与时尚融合、宗教与习俗交织的欢乐派对。

四月初的肯尼亚正值旱季和雨季交叠的时期，偶尔一阵微雨让空气清新湿润，婚礼现场的路面是肯尼亚特有的红土路，在潮湿空气的滋润下路面十分松软。我和同事踏着绵软的土地，从教堂走向婚礼宴请的广场。“怎么样，喜欢吗？真正的欢庆还在后面！”同事兴奋地告诉我，“那走吧！”我迫不及待地回答。

宴请场所的装点也是紫罗兰色和白色，浪漫的色彩预示着美好新生活的开始。同事带着我即席而坐，周围的宾客看到我这个外国人都格外礼待，不住

精心布置的婚礼现场

婚礼现场主持人活跃气氛

地跟我说别客气，就当到了自己家，其中一位老先生热情地充当我的讲解员。

这位老先生名叫米歇尔，55 岁，我请他为我讲讲婚礼的方方面面。他告诉我这样一场婚礼的花销大约是 100 万肯先令，约合 7.1 万元人民币，包括场地租金、餐饮、交通等所有费用，我数了数婚礼现场的餐桌和每桌的人数，这场婚礼大概邀请了 300 余名宾客。

米歇尔说这样规格的婚礼在肯尼亚并不十分普遍，新郎新娘都算得上是中产阶级，新郎是公司职员，新娘在非政府组织工作，而更广大的肯尼亚民众还没有经济实力举办这样的婚礼。

就好比带我参加婚礼的同事，他是家中老大，下面有六七个弟妹，他的收入除了供自己开销之外还要补贴弟妹甚至旁系家族，因此，刚刚走进婚姻殿堂的他并没有举办婚礼，只是两家人在一起举行了简单的仪式以缔结婚约。

米歇尔说他结婚的时候是 1984 年，当时举办这样的婚礼更是奢望，他的婚礼只有 20 多人参加，在证婚人、家人和朋友的祝福下简单地吃一顿饭就算是完成了终身大事。

此时，婚宴已经开始，宴席是自助餐，有牛羊鸡肉、米饭、土豆等主食以及啤酒和软饮，与国内婚宴相比，食物简单粗糙，味道却还不错，宾客边享用美食边欣赏婚庆公司的歌舞表演，等待着新人拍摄婚纱照归来。

在歌舞表演的间隙，主持人不时讲讲笑话，活跃气氛。“大伙看看新郎官今天穿得多帅气，简直就像是卢欧族人！”主持人话音刚落，宾客一片笑声。米歇尔告诉我，卢欧人非常讲究穿着，在肯尼亚所有民族中，卢欧人以注重形象著称，卢希亚人则差很多，于是主持人便拿卢希亚族的新郎官打了个趣。

肯尼亚共有 42 个部族，不同部族间的通婚已有时日，但人们更倾向于选择本民族的人为结婚对象，相同的语言文化和风俗习惯更有利于夫妻和谐相处，有些思想传统的部落或家庭仍把部族间的通婚视为禁忌。

我所参加的婚礼，新娘是卢欧族人，新郎是卢希亚族人，虽属于两个不同的民族，文化和习俗却十分相近，两家人又是老相识，两位新人的结合显得顺理成章，然而差异仍然存在且并不容易消融。

宴席进行了一个多小时之后，新娘和新郎乘着婚车返回婚礼现场，此时身着民族服饰的表演者和所有女宾客都迎上前去，又唱又跳地迎接新人，米歇

所有妇女前去迎接新人

尔说所有妇女迎接新人是传统婚俗。

此时的婚礼进入欢庆的狂想曲乐章，新郎新娘再度跳着传统舞蹈，在妇女的簇拥下走进婚宴现场。新人的父母为他们带上花环，送上长辈的祝福。随后派对正式拉开帷幕。现场乐队演奏着鼓点明快的乐曲，百余名宾客围成一圈，跳起了舞，在主持人的带领下，大家变换着舞蹈动作，时而举手欢呼，时而扭动臀部，舞蹈阵型也从相邻的宾客结伴到几十名宾客排成队。大家就这样唱着跳着不停歇，所有人都参与舞蹈，就连平日里安静腼腆的我的同事，也变得豪放开朗，他说："我要跳支舞！这是传统。"他也动员我一起加入舞蹈队伍，

新人跳着传统舞蹈回到人群中

我便入乡随俗，与非洲朋友跳起了婚庆舞。

舞蹈持续了很长时间，我也跟着跳了很长时间，似乎觉得它永远不会停止，欢庆热闹的气氛久久不散……舞蹈之后是切蛋糕和拆礼物环节，由于跳得太尽兴，我对这两个环节的印象已经不那么深刻，只记得同事告诉我必须要吃上一块蛋糕，他说肯尼亚人认为吃了蛋糕才算真正参加了婚礼，他们认为蛋糕的甜代表着新生活的美好，一层又一层的蛋糕也预示着往后婚姻生活中将迎来的未知、挑战、惊喜与幸福，等待着新人去发现与经历。

众人同庆的欢乐场面是非洲婚礼最令我难忘的地方，在这样的庆典中，每个人都在分享幸福，传递喜悦，那种外露的表达与国人对新人的祝福方式对比鲜明，我想也就是在非洲这片炙热的土地上，爱情和婚姻才得以被如此浓墨重彩地演绎。

婚礼上的集体舞

小谈非洲传统婚俗

在肯尼亚，结婚的方式分为几种：注册结婚，也就是非宗教的世俗结婚，到政府相关部门登记并由政府颁发结婚证书即可；其次是宗教结婚，包括基督教婚礼、伊斯兰教和印度教婚礼，在宗教婚礼上通常也有结婚证书颁发的环节；还有一种方式是习俗结婚，也就是根据各民族、各地方的习俗，在双方父母和家庭成员的见证下结婚，双方家庭通常会拟定一份宣誓书，证明两家缔结良缘，带我参加婚礼的同事就是以这种方式结婚。

我的另一位肯尼亚同事是基库尤人，基库尤是肯尼亚最大的部族，人口占该国总人口的16.9%，也是肯尼亚较有权势的一个部族。社会精英阶层中有很多基库尤人。在一次交谈中，我的同事向我讲述了基库尤人的婚俗，在我看来非常有趣。

在传统基库尤婚俗中，男孩有了心仪的女孩是不能直接向女孩求婚的，而是要向女孩的父亲提亲。在过去，男孩要亲自酿制啤酒，以款待女孩的父亲和其他家人。如今，这一习俗有所演变，男孩首先告诉自己的父母他要带一个特殊的客人回家，父母听闻此讯便知道儿子有了心仪的对象并且打算结婚。

男孩的母亲会在这一次会面中向女孩提些问题，看看她适不适合做自己的儿媳，虽然女孩的表现未必会让准婆婆十分满意，但此时的提问更多是走个过场，因为此时男孩的心意已经笃定，父母很少会干预，除非母亲有强烈的反对意愿。这次见面后的一两天时间里，如果一切顺利，男孩便会向女孩家提亲。

有趣的是，在提亲的过程中，双方家长包括男孩本人都不能在约谈中直接发言，而是由各自选定的代表代替他们发言，这些发言人的选择也不是随意的，他们要具备良好的语言天赋，因为在约谈中要避免使用简单明了的语言，而是要最大限度地使用比喻、谚语、暗指等技巧性的语言。

男孩到女孩家提亲时，女孩家里要宰羊待客，男孩和家人带一些礼品，宴席过程中女孩不能出现，按照传统习俗，女孩的家人在席间也不能谈论有关结婚的事宜，而是装作什么都不知道，只是礼尚往来地款待客人，待到客人酒足饭饱后，女孩的家人会说："现在您已用完餐，还有什么其他事情吗？"这时，男孩家的发言人才会开始提亲。

提亲过程中有一个很有意思的环节，就是让女孩家里的几个女孩子站在一起，全身上下都蒙起来，男孩要在这几个女孩中辨别出他心仪的女孩，这对男孩可是一种考验，认错了人虽然无伤大雅，但也会让女孩和她的家人感到尴尬。

认人结束后，两家的男人会到一个单独的房间，开始正式商讨聘礼，讨论开始之前女孩要给出她的祝福。根据基库尤传统，嫁姑娘等于获得99头羊，这个数字其实是100，余下的一头留给新郎的父母，让这一头羊继续为家里添丁。

如今的聘礼已经不再是牛羊，城市里的基库尤人结婚会选择新人需要或新娘家要求的礼物，牛羊仅作为象征意义送上几头。我的肯尼亚同事告诉我，聘礼谈判的环节往往是状况频发，双方无法达成协议的情况时有发生，因为谈判不妥而结不成婚的例子也不在少数。

当一切都尘埃落定后，便是结婚的大日子。这一天男孩同他的家人朋友带着礼物来到女孩家，男孩家的妇女要手拿礼物，包括糖、面粉、香蕉，等等，不停地歌唱，传统习俗认为把礼物放在地上是非常不礼貌的，所以她们要捧着礼物唱歌，体力差可不能担此重任！与此同时，女孩家的妇女则紧守大门，以歌曲回应亲家，两家一唱一和，经过一番对峙与较量后，女孩家的妇女才会把门打开，此后便是热热闹闹的庆典与宴席。

16

南非法国小镇：彩虹之国里的红白蓝

“叮叮当当”，清脆的小火车摇铃敲醒小镇的灵魂，微风拂面，呼吸中掠过葡萄的香甜，闭上双眼，清新的小镇风貌跃然心间。

南非又被称为彩虹之国，寓意着不同种族的人们在这片土地上和平共处，不同文化在这个国度百花齐放。我在位于南非开普敦附近的法国小镇看到了七彩中红白蓝这三种颜色，这也正是象征着法兰西的三种颜色。

法国小镇的前世今生

很久很久以前，这里的山谷拥抱着大批象群，“大象之角”因此而得名，这是法国小镇的前世——大象的乐园。

时间来到1688年，有一天荷兰东印度公司把176个法国人（也有记载说是300多人）带进了这个山谷，这些法国人是受到迫害的新教徒。

1685年以前的近半个世纪里，这些新教徒们都生活在法国西北部的南特地区，享有充分的宗教自由。然而路易十四掌舵法兰西后，开始反对新教，将大批新教徒驱逐出国。

当时荷兰东印度公司控制着南非开普敦地区，野心勃勃的荷兰航海家对法国新教徒可谓求贤若渴，这些移民不但掌握丰富的生活技能，还具备无往不

山谷下的法国小镇

胜的进取精神，是建立新殖民定居点的最佳人选。

失去合法居民身份的法国新教徒成为落魄的宗教难民，过着颠沛流离的日子，漂洋过海找到一处容身之地，使他们获得了些许心理安慰。

从此以后，他们便在这儿繁衍生息，创建了自己的家园，也把法国基因复制到了这个位于非洲大陆最南端的山谷小镇。

如今在法国小镇，不再能觅到大象的足迹，而法国文化与法式生活却在此留下深刻的烙印，使这里成为南非彩虹之国里的红白蓝缩影。

红酒之红

关键词：美食、美酒

这是如今法国小镇的名片，它被誉为南非的“美食之都”。

小镇上有40多家餐厅，许多荣获国际烹饪大奖的厨师在此大显身手。我在法国小镇停留了小半天，正好赶上午饭时间，可当时我并不知道法国小镇是南非“美食之都”，误打误撞走进一家看着顺眼的餐厅，点了沙拉、意面和华夫饼,每一道菜味道都很棒,吃完唇齿留香,可以说是我人生中难得的美食记忆。

与美食相得益彰的当然是美酒，法国小镇的美酒历史源远流长。

几百年前，未“开蒙”的山谷象群横行，蒲草遍野，山脊荒凉；然而这荒蛮之地在法国新教徒眼中是绝佳的葡萄产地，他们把源自法国的精湛葡萄栽培技术和酿酒技艺移植到南非，很快就让大象谷布满葡萄园和酒庄，摇身一变成为美丽的法国角（南非语称法国小镇为Franschhoek，英语为French corner即法国角）。

法国小镇街角一隅

300多年间，这些葡萄园在法国小镇的阳光、清风和雨露中滋养出南非质量最上乘的葡萄酒，各式各样的红酒铺星罗棋布，从精致的高端红酒专卖店，到风味独特的特产酒精品店，再到专供大宗进货的供应商，葡萄酒成为小镇生命力的源泉。

南非葡萄酒蜚声国际与法国的影响密不可分，获得国际奖项的各类葡萄酒声名远扬，有醇厚浓郁的红葡萄酒，优雅清爽的白葡萄酒以及活力四射的起泡酒。

说起起泡酒，法国小镇的手摇起泡酒最为出名。手摇起泡是香槟的传统制作方法，然而除了法国香槟产区外，产自别处的起泡酒都不能叫作香槟，于是法国小镇的起泡酒被称为 Cap Classique。为纪念这一传统制酒技艺，每年 12 月法国小镇都会举办 Cap Classique 节以传承经典。

清新之白

关键词：建筑

虽然法国新教徒在此安居乐业，但法国小镇很久以来都是一片安睡的净土，称不上繁荣，直到 20 世纪 90 年代小镇才从安睡中醒来，变成声名鹊起的“地产之星”。

法国小镇气候宜人，冬季在这儿的山顶上能看到积雪，靠近南非第二大城市开普敦，这些有利因素都使法国小镇成为南非最受追捧的居住地，一时间，房价飞涨，许多富人纷纷到此购置家业，给小镇赋予了贵族气质。

小镇旁新建的私立英语学校更让这儿成为许多中产阶级的安家之所。

印象中的法国小镇的“清新之白”体现在它的建筑风格和用色上。

法国小镇风景

徜徉在小镇主干道上，映入眼帘的建筑物大多是白色、米色等浅色，周围绿野遍布，远处的山谷里隐匿着许多葡萄园，在小镇上，游人可以随时招呼观光小火车，去葡萄园、博物馆、酒庄……

“叮叮当当”，清脆的小火车摇铃敲醒小镇的灵魂，微风拂面，呼吸中掠过葡萄的香甜，闭上双眼，“清新之白”跃然心间。

自由之蓝

关键词：文化

浓郁的文化气息让只有 15000 人居住的法国小镇有了大气魄。

每年 7 月中旬，在法国国庆节前后，法国小镇被装点成蓝白红的世界，以庆祝“巴士底狱节”。“巴士底狱节”华丽上演的时候，来自世界各地的人们尽情地在这里享用美食，品味美酒，就像节日宣传语所说的那样——“这是对自由的庆典”。

自由、平等、博爱，是法兰西精神的座右铭，其中自由排在第一位，这种气质在法国小镇的艺术品店中可见一斑。

画廊、装饰品店、瓷器精品屋、非洲工艺品陈列，虽然艺术形态各异，但都散发着自由奔放的气息，与小镇精致清晰的街景形成反差。

在我看来，这是最为“法国”的格调，人人都道她浪漫高贵，其实她的

观光小火车

形态各异的艺术品

内心奔腾着无限的热情与想象。

文学可以说是法国文化之魂，法国小镇虽小却没有忘记把文学盛宴搬进自家门。

与“巴士底狱节”齐名的法国小镇节庆要数每年一度的文学节了，从2007年开始，每年5月的第三个周末，来自世界各地的作家和文学爱好者齐聚法国小镇。

文学节期间有新书发售、作家研讨会、读者论坛、古典音乐会等活动，旨在为南非本土作家提供交流思想的平台、迸发火花的契机，也吸引国际知名作家前来给本土文学提供更多灵感与养分；文学节期间还有写作课程及工作坊，让文学创作蔚然成风。

法国小镇从五月开始几乎每个周末都有文化活动，烹饪课、艺术展、音乐节，只有想不到的，没有法国小镇不提供的。

我常跟朋友说我的理想生活是在一个小镇上过恬淡的日子，只有一个要求：小镇必须富有文化气息。看着法国小镇官网上满当当的文化活动日程，我的思绪开始飘飘然，若是我生活在那里，将是怎样的忙碌充实，淡泊安逸……

法国小镇上的非洲工艺品店

17

乘风飞越马赛马拉

乘风飞越马赛马拉，同太阳一同升起，将马赛马拉全新的一天尽收眼底！在热气球上眺望晨光中饮水的斑马，与散步的大象母子互致早安，还有那不时出没的狮子……飞越就是这么美好！

说起肯尼亚，你会想到什么？一定是马赛马拉的动物迁徙！

对于一个骨子里充满着探险因子的射手座来说，坐在车子里看动物迁徙还不够刺激。初到肯尼亚我便得知，在马赛马拉可以乘着热气球Safari，这幅美好的画面便从那时起印在我脑海里，心心念念无法忘怀，于是我决定一定要实现这个愿望。

热气球，大草原，辽远的天空，等着我来征服！

热气球之旅的头天晚上，我有些紧张。其实我有恐高症，去游乐园向来只玩儿童游戏，什么矿山探险、茶杯转圈之类的，即使是这些小儿科的游戏，到了稍微高一点的地方我的心便会提到嗓子眼。

然而对于乘坐热气球，我一直都抱有向往，幻想着《飞屋环游记》里的场景，对即将踏上的热气球Safari之旅充满好奇，也鼓足了勇气决心突破自己。

在好奇心的驱动下，些许的紧张与害怕变成了十足的享受，我在帐篷房里点了杯“自由古巴”，伴着烛光、虫鸣和微醺，进入了梦乡。

马赛马拉帐篷房

我住的帐篷房距离乘坐热气球的地点有一个小时的车程，为了赶上草原日出，我必须四点半起床前往集合地。同行的伙伴都觉得我不可思议，那么早起床，没人愿意牺牲睡眠陪我，可我还是要去，无论如何都要实现乘坐热气球的愿望，想要就去行动，人生贵在体验！于是自己上了三个闹钟，生怕起不来，好在兴奋战胜了睡意，让我及时醒来还不觉疲惫。

记得前往出发点的一路上天还黑着，星空下的草原格外神秘，载我去集合地的司机贝尼一边在颠簸的道路上驾驶，一边四处张望，帮我寻找在凌晨可能出没的动物。经验丰富的贝尼找到了狐狸、猎狗、斑马，车灯照在它们身上就仿佛一只大手掀开草原暗夜大幕的一角，让我偷偷窥探还未苏醒的东非大地上正悄悄上演的生命之舞。偶尔一两只小兔子跳入光线里，忽左忽右，一蹦一跳地寻找着它们的方向，跳跃的音符好似草原恢弘乐章的前奏，这是马赛马拉的清晨序曲。

贝尼边找寻动物边跟我聊天，他说开车他在行，但驾驶热气球他可不行，“肯尼亚没有培训热气球驾驶员的学校，驾驶员需要到美国学习，费用太高，我们付不起，今天带你体验热气球之旅的是个加拿大人。”贝尼告诉我。

到达集合地离出发的时间仅剩五分钟，集合地给所有游客准备了早茶和甜点，但由于时间紧迫，我只匆匆喝了一杯咖啡便和同行的游客出发了。同行游客中除我之外，只有另外一对老夫妇是亚洲面孔，寒暄后得知他们是一对日本老夫妻，来肯尼亚旅游。老先生是个摄影爱好者，脖子上挂着相机，他用蹩脚的英文向我讲述了一个他旅行中的小插曲，他说现在脖子上这个相机的拍照效果并不令他满意，他的好相机在上一次的旅行中掉进了海里，老先生说里面有好多珍贵的照片，丢了很是可惜。就这样我们边走边聊，不知不觉到了出发集合点。

热气球 Safari 只在早上进行，每个热气球上大概能乘坐 12 ~ 16 人，在与我们相同的出发点我看到另外一个热气球，我目睹了它从一个干瘪趴在地上的大家伙到冉冉升起的全过程，日本老先生不住地拍照，留住这个具有纪念意义的时刻。

天边露出一抹微光时我们的热气球驾驶员戴维来了，他穿着制服，背着工具向我们走来，大家的注意力瞬时被他吸引，对于初次体验热气球之旅的人来说，看驾驶员就像看英雄，紧张不安，兴奋期待，所有的情绪全都托付于他。

戴维在对装置和热气球周身进行检查后给大家讲解注意事项，其实注意事项并不复杂，他会在旅途中随时提醒大家。听过戴维的讲解后，大家的情绪都放松了许多，“那咱们就出发吧！”

戴维向热气球充气准备出发

出发前，所有人仰卧在热气球的底座里，戴维用充气装置给热气球充气，呼呼的声音很剧烈，火苗映得大家的脸都红扑扑的，戴维不住地充气，表情很专注，当热气球快被充满时，底座渐渐被拉起，我们也从仰卧变成了直立。

这个时候顺着一阵风还没留神，地面上的工作人员就已经变得很小，远远地跟我们挥着手。戴维说："我们起飞了！"站起身的一瞬间，我的好奇与惊喜溢于言表，戴维看着我的表情，开怀地说："Look at you！"我看看周围其他伙伴，大家也都是一样的开怀。乘风飞翔，清晨的马赛马拉，我们来了！

飞行的前十分钟，我们都保持在相对较低的高度，戴维说他不希望飞得太急，东非大草原上空的风载着我们不急不缓地飞翔，眼前的马赛马拉像一块巨大的绿色地毯，最美妙的观感是随着我们乘风飞越马赛马拉，太阳也一同升起，在热气球上看日出，感觉自己和太阳离得很近，视野被无限放宽后，晨光的光晕也显得愈加华美。初升的太阳照耀着草原，终于将清晨的大幕彻底掀开，马赛马拉全新的一天被我们尽收眼底。

大约二十分钟后，热气球升上了高空，进入平稳飞行的阶段，我问戴维

临近的另外一只热气球

马赛马拉的日出

现在的高度是多少，他看看检测仪说大概 2300 英尺，也就是 700 多米。700 多米？我丝毫没有察觉，也丝毫没有恐高，一望无际的草原上没有参照物，只有与我们同行的一两只热气球彼此相望，其他的一切都在距离 700 米开外的地面上进行着，而视觉上却感觉它们就在眼前，视野里不时地出现各种各样的动物，有在晨光中饮水的斑马，有散步的大象母子，翘着鼻子向我们问候早安，还有偶尔出现的一两头狮子。

热气球 Safari 也要凭运气，运气好的时候能看到成群的动物，运气差时只能看到零星几只，我们飞越马赛马拉那天运气不好不坏，戴维说算是一次成功的热气球之旅。我问戴维学习驾驶热气球要用多长时间，他说得到私人驾驶许可三四个月就可以，商业驾驶许可时间要略长一些，但总而言之热气球驾驶更多是一项运动，不需要太高的技术含量。“只要跟风配合好就可以了。”戴维边控制热气球边对我说。他在肯尼亚已经工作了数年，妻子孩子都居住在这儿。交谈间他还不断地拿着手里的控制仪给大家拍照。

就这样轻轻松松，谈笑风生间，我们已经到达了马拉河，坦桑尼亚与肯尼亚的边界就在不远处，戴维决定在此处降落。他娴熟的操作又让我们在不知不觉间降落到了地面，落地后戴维给每个人颁发了一个热气球之旅证书，上面写着每个人的名字和在哪年哪月哪天完成了热气球之旅，再签上他的名字，到此热气球之旅并没有画上句号，热气球公司还为游客准备了香槟和早餐，大家围坐在辽阔草原上的一张方桌前，喝一杯热奶茶，看着身边时不时跑来的小鹿

马赛马拉草原上的狮子

清晨的马赛马拉草原

和斑马，品味着草原清晨湿漉漉的清新空气和美味早餐。

乘风飞越马赛马拉后，重新回到地面的我停靠在一棵大树旁，听风声，看远山，偶尔几只羚羊从眼前跑过，高空中的马赛马拉在脑海中回放，徐徐地展开，轻柔地降落，是一幅永不褪色的优美画卷。飞越就是这么美好，我做到了！

载歌载舞的马赛牧民

18

桑给巴尔，一猛子扎进蓝色畅想

如果我是一名画家，要在我的画布上勾绘桑给巴尔，我定会因找不到与之匹配的蓝色而伤透脑筋。桑岛的海水之蓝令人迷醉、眩晕，纯粹得无与伦比。

桑给巴尔是我到达非洲后不久便邂逅的名字，网络旅行日志对这个印度洋岛屿的描述中最吸引我的是集阿拉伯文化、摩尔文化、印度文化于一身，除此之外，桑给巴尔还是香料盛产地、奴隶贸易中心。自从了解到这些之后，这个谜一般的美丽海岛便令我心生向往。

桑给巴尔海景

如果我是一名画家，要在我的画布上勾绘桑给巴尔，我定会因找不到与之匹配的蓝色而伤透脑筋。桑岛的海水之蓝令人迷醉、眩晕，纯粹得无与伦比。

乘船出海！我和同伴到达桑岛的第一天便一猛子扎进了蓝色畅想。

极目所至，蓝，是唯一，只是它在不同的色彩区间悠然变幻，或深或浅，调性也随之更迭。深邃的蓝，如同泰坦尼克号里 Rose 胸前那枚耀世的海洋之心；活泼的蓝，泛起晶莹剔透的浪花；阳光照耀下白沙衬托着的明媚的蓝，让眼睛久久地停留，仿佛这个星球上所有的蓝色精粹都被这个小岛收纳在自己的画板上。

搭载我们出海的是一艘木质帆船，船上预备了各种汽水和水果，与我们同船的有一对美国老年夫妇，一对美国年轻情侣，一个阿根廷家庭和一对中国母子。

美国老年夫妇中的阿姨很是优雅，脸上始终泛着微笑，和蔼又好奇地观察着周围的一切，她的笑容和眼神映衬出一个美好的世界，她悠然地吹着海风，品尝着姜味汽水，让我不禁向往二三十年后的自己也能像她这样，揣着从容品味人生中的新鲜感。

乘船出海

这次出海带给我最大的新鲜感便是浮潜初体验。听酷爱潜水的朋友说，一入水便是进入了另外一个世界。的确如此，本还有些担心能不能驾驭好脚蹼和吸气管，可把头埋进水里的一瞬间，所有的顾虑都被抛在了脑后。海浪一波波地把自己往前推，视野里随即展开大片的珊瑚，五彩的热带鱼，它们有的成群结队，有的悠然自得，我努力地想要靠近它们，可稍一靠近，它们便四散而去……游着游着发现自己已经和这曼妙的海底世界融为一体，于是决定不再乘船，直接游到附近的小岛上去。

桑给巴尔就是这样一个地方，它让你在蓝色畅想里遨游，忘记了所有烦恼，可桑给巴尔的另外一面却铭刻着一种忧伤，它穿梭在石头城古旧的建筑里，让人无法忘却。

“戳穿他们的肋骨，看看连接处是否结实，用手指扒开他们的嘴，看看牙齿怎么样，让他们来回跑几步，看看步伐怎么样，然后讨价还价，带走一个，把其余的丢下……”这是桑岛石头城博物馆奴隶贸易历史陈列中的一段描述。桑给巴尔曾是印度洋上最大的奴隶贸易中心之一，当时的奴隶贸易市场便设在石头城。

桑岛让人无法忘却的忧伤便源自这段历史。记得一个肯尼亚画家朋友画过一组人物像，画面上的人物都是黑人奴隶，他们有着漂亮的蓝色眼睛，却从眼里流出幽怨的蓝色泪水。

时光沉浮了几个世纪，却仍抹不掉悲伤的过往，就好像在桑岛将纯美的蓝尽收眼底后，总有一丝悲凉悄然浮现。

在当时的奴隶贸易体系中，桑给巴尔的上等公民、商人、批发商是大买家、奴隶贸易的重要参与者。他们出资购买拖车，所谓拖车就是把奴隶们像牲口一样绑在一起的运送工具。

当时的石头城市场上，来自波斯湾的阿拉伯人地位显赫，讨价还价的索马里人到处都是，还有来自毛里求斯等岛屿的商人，普通的桑岛居民则是被买卖或阴差阳错来到这里，包括一些买手，也就是地位稍高的奴隶。

幽蓝的印度洋

除阿拉伯人外，一些西方人，比如法国天主教修士也从桑岛购买奴隶，他们称其为救赎，把野蛮的非洲人从地狱里拯救出来。

印度洋上奴隶贸易的废止由英国人发起，然而，颇具讽刺意味的是，从16世纪中叶起英国人主宰世界奴隶贸易长达两个世纪之久。经过一番艰苦的斗争，1834年奴隶制在英国领土废除。

1873年6月5日，桑给巴尔所有公共领域的奴隶市场关闭。从非洲大陆运输奴隶也被禁止。不久之后，英国和桑给巴尔统治者之间签订协议，废除陆上拖车运送奴隶。

然而彻底扫除横行了几百年之久的奴隶贸易绝非一朝一夕之事，在法令禁止后，这种恶行仍在私下悄然运作，好似印度洋平静蔚蓝的海面下，暗潮迭起。

直到今天，当人类文明的脚步来到21世纪，人对人的践踏与奴役仍然存在。在非洲工作期间，常接触到一个概念——“现代奴隶制”。据联合国统计，当今全世界仍有超过1800万人沦为现代奴隶，“现代奴隶制”的形式多种多样，包括强制劳动、奴役儿童、童婚、性虐少女等。

漫步桑给巴尔，一边是破败的白色石头城，一边是明媚的蓝色海洋，这种鲜明的对比就好像大美与大恶的真实写照。

此时，耳边传来一阵欢声笑语，是海边一群踢球的少年跑过，我的思绪不禁飘向远方。几百年前，当成群的奴隶被拖车带到这个海岛时，眼前这一汪美丽的蓝色海水是否曾给他们无边的痛苦带去些许的安慰？

在桑岛的第二天由香料之旅开启。

香料之旅是桑岛旅行的一大特色。在香料种植园里，由当地人带领游客采摘各种香料，通过观察，闻气味，让游客识别不同种类的香料。

印度洋上的香料贸易历史悠久，在欧洲商人开始对香料产生浓厚兴趣前，来自印度尼西亚、马来西亚和印度的香料就经由海路从亚洲来到非洲东岸。桑

石头城街景

给巴尔气候湿热，降雨丰沛，可谓是绝佳的香料产地。16 世纪初，葡萄牙人来到桑岛建立军事基地以控制整个东非地区，他们带来了从南美殖民地和印度引进的各种香料。

然而葡萄牙人并不是把香料在桑给巴尔真正普及开来的人。18 世纪初阿拉伯人开始统治桑给巴尔，直到那时，香料种植的潜力才真正得到重视，阿拉伯人决定把香料作为主要经济作物推广，规定岛上居民每种植一棵椰子树就要种植两棵丁香树。时至今日，香料仍是桑岛的经济支柱，丁香是其中最主要的一种。

带领我们参观香料园的当地向导是个面庞较为扁平、个头不太高的黑人。我们跟随着他在香料园里三步一观察，五步一询问，他从各式各样的树上采下我们不知如何分辨的叶子，碾碎了，让我们闻气味。

对于我和同伴来说，香料识别的正确率只有 10% ~ 20%，许多香料是我

可可树

们听说过而从未见过的，还有一些是日常生活里常使用却不曾一睹真容的。

印象最深的是可可和香草，看似其貌不扬，却是我们平时经常食用的香料，而只有经向导讲解巧克力和香草香精是如何从眼前的树变成口中的美味时，大伙才恍然大悟，“哦！原来是这样！”

还有一种可以作为香料也可以作为染料的植物，长着桃心形的果实，掰开后里边有一颗颗红色的种子，在手上碾开，艳丽的红色便从指间滑出。向导告诉我们，印度人用这种植物化妆，也用它烹饪，给食物上色，说着他便用手碾碎一颗种子，画在嘴唇上，竟然与时下最流行的橘红色唇彩的上妆效果不差分毫!

香草之旅是妙趣横生的发现之旅，在弥漫着五花八门香味和刺激性味道的树林里探寻各种香料的身世与奥秘，像是一次探险，又是一次科普。

香料之旅的另外一大特色是从游客一进香料园开始就有一个当地小孩一路跟随，我本以为我们参观的香料园恰巧有这么一个懂事又能干的孩子，后来看过一些网上游记后才知道，这是香料之旅的特色之一。

跟随我们的那个孩子，他的笑容给我留下深刻的印象，他不懂英语，却始终用他灿烂的微笑与我们交流。他赤着脚，戴一顶白色瓜皮帽，破衣烂衫，小脸脏兮兮的却显得他的大眼睛格外地明亮透彻。近两小时的香料之旅他一直跟随着我们，做向导的小助手，跑来跑去，上树下树，身手矫健，笑容从未消失片刻。

行程即将结束时，向导一脸神秘地对我们说:“现在是Cococola(椰汁可乐)时间！”说着便把我们带到一颗椰子树下，这时不远处走来一个身形瘦小的黑人，拿着一根藤条做的绑带，“他要为大家表演摘椰子！”向导告诉我们。

话音未落，瘦小的黑人已经将绑带套在脚上开始爬椰子树，那棵树目测有十几米高，他不费吹灰之力爬到了一半，这时他开始唱歌，“Hakuna Matata！！（没有烦恼）”，并且表演把手放开，用脚倒挂在树上，他的歌声和表演都释放出一种淳朴简单的快乐，感染着我们。

桑岛日落

摘下来的椰子剥开壳，喝新鲜的椰汁，凉爽清甜，口感真的像是冰镇过的一样，椰汁可乐，名不虚传！

喝完椰汁可乐，香料之旅也即将结束，向导带领我们来到一棵杨桃树下，杨桃的英文为 star fruit，直译过来就是星星果。那是我第一次见到杨桃树，满树黄色的杨桃真的好似满树的星星，置身其下浪漫清新的气息扑面而来。

向导和小男孩招呼我们坐下，石桌上摆满香料园里采摘的新鲜蔬果，这是小男孩赤着脚跑前跑后为我们准备的蔬果宴，有香蕉、橘子、黄瓜、西瓜，还有许多我们叫不上名儿的水果。

一路讲解的过程中，向导不停地用树叶编织着一个扁扁的东西，我们以为他是编着玩，有些好奇却也没多想，没想到这是他为我们准备的礼物，是一个草编男士领带，向导的同伴还为每个男士编了草帽，为每个女士编了花环、手包还有青蛙项链。

两个小时的耐心讲解，丰盛的蔬果宴，精心编制的礼物，我们本以为行程结束时向导和小男孩会大力推销香料，然而他们只是向我们展示了香料园的产品，并没有任何游说，他们的淳朴和热情让我们在离开香料园时更加依依不舍。

两天的桑岛行即将结束，我们一行人决定到海边，在银沙海浪前虚度半日光阴。

桑岛海景的美有着一种魔力，因为每一种色彩都纯粹到极致，让人迷醉，让人忘却……当银白的沙滩、碧蓝的海水铺展在眼前，我只想做一件事，就是让眼睛掉进画面里，让心沉睡在此情此景中。我和同伴们怀着这样的心情，索性把鞋子丢在一旁，跟着徐徐的海风信步，任时间在沉醉与忘却中流逝……

不知不觉间，太阳倦了，当它即将闭上眼睛时，我们猛然发现，海边落日下我们竟然忘记了鞋子，回头去寻找，它们已经不见了踪影。然而我们依然觉得幸福，人生中能有几次沉醉于这样的美好？忘记了那些烦恼，人生中又有几次我们可以任性洒脱地前行，不管前方我们将迎来什么，身后我们丢下了什么……也许仅有这一次，难忘的桑岛之旅。

19

街头手艺人：把爱心装进“小鸟屋”

做个平凡的手艺人，做好自己所做的每一件事，装扮好自己的梦想，不被野心俘获，不被欲望捆绑，载着热情与钟情不急不缓地行驶在人生道路上。

在内罗毕生活了近两年，这座城市留给我的印象中有一组别致的画面。

细细回想，初到时这组画面最先吸引了我，此后的岁月里，它不断地闯进我的视线，跳跃、定格……

内罗毕拥挤繁忙的生活就像一部快进的黑白片，其中一组鲜亮清新的慢镜头便是它们：色彩缤纷、形态各异的街头手工艺品。

色彩艳丽的陶瓷手工艺品

乍一看这些小物件，我心里先冒出个问号：它们是做什么用的？

脑子搜寻着答案，眼睛却被浓郁的非洲风情牢牢地锁住，数次经过这个工艺品路边摊，每次都有不一样的猜测，在我即将离开肯尼亚的时候，终于决定去寻找答案。

我买了一个蓝色的陶艺花瓶，上面细腻的纹路画着一棵枯树，是我最喜欢的非洲景观。结账时开始与摊主聊天，摊主名叫查尔斯，他告诉我那个让我好奇的小物件是给鸟儿喂食的小屋，是他的得意作品。

查尔斯的摊位位于内罗毕城市主干道，主要销售陶艺品，小摊摆了 7 年，生意并没有什么大的起色。查尔斯说他每天能卖出三四个陶罐，收入 2000 多肯先令，也就是 140 多元人民币，维持着简单平淡的生活。

查尔斯和他的摊位

摆在地上晾晒的“小鸟屋”

“这条街上有四五家陶器摊位，竞争太激烈，但是我的小鸟屋很畅销，生意最差的时候，每天也能卖出一两个。”查尔斯边说边用手擦去“小鸟屋”上的拂尘，眼里的怜爱自豪就好像一个艺术家凝望着自己的成名作。

制作一个“小鸟屋”需要两天的时间，陶器烧制好后要经过一天的晾干，然后凿洞，上色，上色过程大概需要 30 分钟。

查尔斯制作的翠绿色“小鸟屋”

查尔斯捧着一个翠绿色的“小鸟屋”，向我解释给鸟儿的食物放在哪儿，水放在哪儿。我看着五颜六色的“小鸟屋”，心里不禁想，这个平凡的小物件里住着查尔斯这个平凡手艺人的善心和他对大自然的热爱，他的这份爱心让平凡的小买卖充满了无限生机。

每个买走“小鸟屋”的人也便买走了一份爱心，查尔斯通过他的创意将大自然的灵动安置在每个买主的家里，他的生活虽然清贫，但却不孤独，细细想来，“小鸟屋”里其实放飞出一种人生哲学：善良与感恩总能抚慰生活的艰辛；人生不易，有爱相伴便能不断前行。

内罗毕许许多多的街头手艺人中，在我眼中最具艺人气质的要数这一位。

他制作的是一些木头牌子，上面写着各种各样的标语，五颜六色，设计感十足，那些木头标牌会让我联想到涂鸦艺术与嘻哈文化，上面写着什么？挂在哪儿？都是我想要寻找的答案。

他叫詹姆斯，他有一个一同工作的同伴叫玛丽，也是他的女朋友。看到

专注刻字的詹姆斯

各式各样的木牌　　　　詹姆斯制作的标语牌

我这个眼里充满好奇的东方面孔，詹姆斯和玛丽并没有迎上来打招呼，只是继续埋头工作，似乎并不在意我是否有心购买他们的木牌。

遭到两个手艺人的冷遇后，我只好主动出击，打开他们的话匣子：“这些木牌是做什么用的？”

“挂在 Matatu 上。”詹姆斯一边专注地刻字，一边对我说。

Matatu 是肯尼亚的公共小巴士，也是最常见的交通工具。Matatu 的装扮艳丽醒目，上面画着千奇百态的图案，写着各式各样的标语，詹姆斯制作的木牌是公交车牌，指示行车路线和起始点。“我负责设计和刻字，玛丽负责上色。”詹姆斯说。

除了制作公交车牌外，詹姆斯还常有其他创意。我被一个标语牌所吸引，上面写着：“别跟傻子争论，别人可能无法分辨两个人中谁是真正的傻子。”这个标语牌是詹姆斯的作品之一，他很喜欢创作有些戏谑、反叛或者寓意深刻的标语牌，我想他是通过这种方式在做自我表达。

与我聊天的过程中，詹姆斯埋着头不停地给木牌抛光，旁边的玛丽正在制作最新的产品，应客人的要求，她要在模板上绘制几个国家的国旗。玛丽告诉我制作这样的彩绘标牌大概需要三四个小时，价格根据用料和用时与客人商定。

“你们的客户都从哪儿来？”看着这个有些破败，颇具流浪者气质的摊位，我不禁发问。“就像你这样，从路边经过，或是客人之间口耳相传，我们没有刻意做什么宣传。”玛丽这样说。

詹姆斯的彩绘“坐骑”

詹姆斯告诉我他并没有接受过专业的艺术培训，一切源于兴趣和天赋。从 15 岁开始到现在 33 岁，做公交车牌的手艺伴随了他近 20 年。

“你想没想过换个职业，多挣点钱？”我问道。“我就喜欢做这个，没想过其他，我只做我喜欢的事。”他这样说。

我又问他以后有没有什么“大计划”，租个门面房，广开销路。“太贵了，没想过那么多，也没想过那么远 。”詹姆斯说着，手上不停地敲打着，一刻也不停。

虽然生意小，看上去不甚美好，但这并未阻挡詹姆斯和玛丽热爱、尊重他们的职业。我回头看看他的“坐骑”，一辆用彩绘装点的破旧自行车，詹姆斯告诉我这是他的“销售专车”，陪伴了他很多年。

或许你会笑他胸无大志，或许你会说他不思进取，但在漫漫人生路上专注于“我之所爱”，这样的执着与笃定，你我是否具备呢？

玛丽正在绘制国旗

或许我们都应该做个平凡的手艺人，认真工作，踏实生活，不被野心俘获，不被欲望捆绑，做好自己所做的每一件事，装扮好自己的梦想，就像詹姆斯用彩绘装点他的“坐骑”一样，然后载着热情与钟情不急不缓地行驶在人生的道路上。

内罗毕街头手工艺废旧酒瓶组图

第三章

相遇

——捡拾散落的非洲笑容

20

草原上的一首歌

“我接受过割礼，这是我永远的痛，但我选择坚强，选择为自己骄傲。”薇薇安眼神笃定，声音柔弱却掷地有声，就像她脖颈上的项链，风中银色的亮片叮叮作响，那微弱似旋律般的声响是寥廓草原上最响亮动听的一首歌。

她是薇薇安，一个 15 岁的马赛族女孩儿。见到薇薇安那天，她身着蓝白相间的民族服饰，像草原上的蓝天与白云，微风轻拂她的白色披肩，扬起她轻柔悠远的眼神，那眼神投向一望无垠的草原，穿越时空隧道，回放着一段记忆，一段她宁愿忘却的记忆……

15 岁的少女薇薇安

“那年暑假，我上小学四年级，八月份的一天，我的父母告诉我，我要接受割礼，和一个 45 岁的男人结婚，我当时只有 11 岁。”薇薇安低垂着眼帘向我诉说，不时抬头看看远方，过去与未来交织在她深邃的眼神中。

与薇薇安的交谈可谓开门见山，然而我每向她提一个问题，内心都翻滚着内疚与矛盾，我不愿揭开她的伤疤，听着她时断时续的低声诉说，看着她讲述时看似平静的表情，我宁愿放弃采访……

在非洲有许许多多的女孩儿与薇薇安有着相同的经历，女性割礼在非洲 29 个国家盛行（资料来源：联合国人口基金）。世卫组织数据显示，全世界有超过 200 万的女性接受过割礼，她们生活在非洲、中东和亚洲。

薇薇安生活的小村庄是最原始的马赛村落，坐落在肯尼亚著名野生动物保护区马赛马拉附近。通往她家的路一波三折。马赛族是游牧民族，逐水草而居，因此并没有公路通往薇薇安家。道路颠簸崎岖，即将采访的人物故事又十分让人揪心，那一路的周折令我印象深刻，唯有不时闯入眼帘的几只长颈鹿让情绪稍事缓和，我和同事们在大草原里颠簸了两个多小时才最终到达目的地。

到达时，薇薇安全家都在等候我们，包括她的父母和众多兄弟姐妹，马

薇薇安全家

赛族小朋友与人见面打招呼的方式是把头伸过来，让你摸一摸，这个动作让我感受到了马赛人的热情与淳朴，然而热情好客的马赛人为什么会世世代代延续残酷罪恶、泯灭人性的割礼？这是我费尽周折、深入采访的原因。

几年前，薇薇安的割礼就在她家简陋破旧的泥土屋里进行，由村里的几个老年妇女“操刀”，薇薇安和她的两个姐姐依照年龄顺序依次接受割礼。

“她们用一个刀片，我的姐姐们先来，她们哭得很厉害，我是最小的所以排在最后，当我意识到该轮到我时，我尖叫，很恐惧，但无法抵抗，在那之后我流血流了两个小时。”薇薇安回忆起那个黑色时刻，眼里噙着泪水。

怀抱婴儿的马赛族妇女

割礼通常都是由毫无医学知识的部落老年妇女，在几乎为零的消毒和止血措施下进行，带来诸多健康问题，如失血过多、疾病感染、加大艾滋病感染率、造成难产等，更可怕的是，割礼带来的心灵创伤会伴随女孩儿们的一生。

“很疼，但是无法逃脱。”薇薇安说，如果她反抗就会被认为是不听话、不受管教的孩子，父母的强硬压迫让她和姐姐们只有沉默和接受，她的一个姐姐在割礼之后昏倒被送进医院，这样的现象在割礼中十分常见。

在肯尼亚，女性割礼和童婚于 2011 年才被定为非法，肯尼亚 28% 的 20 ~ 24 岁的女性都在 5 ~ 9 岁接受过割礼，幼小的孩子面对传统习俗和父母的压力毫无反抗能力，有的甚至因为割礼而失去生命。

像薇薇安这样的马赛女孩儿，自打出生，命运就已注定，传统思想下父母对她们的期许是："早点完成割礼，嫁个男人，为家里换回几头牛。"这是薇薇安的小学老师埃斯特对马赛少女命运的概括。

作为当地寄宿学校的老师，埃斯特从 2000 年开始致力于解救她的女学生，在薇薇安接受割礼的当天，埃斯特闻讯后立即赶到薇薇安家，强硬地把她带回学校，力劝她的父母，才使薇薇安逃脱了嫁给 45 岁男人的厄运。

肯尼亚的童婚率在世界上居于首位，占 25% ~ 30%（数据来源：2014 年肯尼亚人口和健康调查）。在采访中我深深感受到，在马赛人的观念里，女孩们的存在价值就是通过嫁人为家里换得几头至多几十头牛或其他牲畜，这是她们的宿命。

"我很难过，没有早点赶到，薇薇安和她的两个姐姐都接受了割礼，我能做的也只有这么多。"埃斯特告诉我，她说解救女孩儿的过程困难重重。"有一次，一群家长拿着长矛冲进学校，说要杀了我。"在族人眼里，埃斯特是个挑战传统的人，是个麻烦的制造者。

无论国际社会和肯尼亚政府废止割礼的决心多么大，对于马赛人而言，与传统彻底割裂还为时尚早。

在传统部落文化中，割礼象征着成年礼，男孩儿割礼后便成为马赛勇士，要能杀死一头狮子，能保卫家园；女孩儿割礼后则成为女人，要结婚生子、诞

薇薇安和埃斯特

薇薇安和幸免于割礼的邻居姐姐

育后代，也要操持家务，建设家园。

割礼生长在马赛人的文化基因中，是他们的自我身份认同。在非洲施行割礼的部落中，没有接受过割礼的女性被视为是不完整的，会被整个部落轻视和疏远。

我的肯尼亚朋友曾经告诉我，法律禁止割礼后很多女性在孩童或少女时代不再接受割礼，而事实上，她们认为自己是不完整的，常常在生产时偷偷要求医生对她们进行割礼。

采访薇薇安时，她的一个邻居告诉我，由于她的父亲、兄弟和丈夫都接受过教育，因此没有对她实施割礼，然而这却是个秘密，她不敢让部族里的其他人知道，不然她会被鄙视、被孤立。

埃斯特在解救女学生的过程中为了使自己不那么孤立无援，常常求助于当地政府官员。与她一起解救女学生的官员告诉我，传统上割礼当天是要举行仪式的，而现在由于法律的禁止和政府的管控，当地马赛人已经取消了仪式，取而代之的是夜晚或凌晨在自己家中偷偷进行，这让废除割礼的工作难上加难。

听到这些讲述，我感到草原上的太阳格外毒辣，辣得人睁不开眼，不时吹来一阵风，卷起尘沙，拍打着脸庞，敲击着心灵，带走头顶那片唯一带来些许清凉的云，让人眩晕彷徨。

万事皆有因，无论善恶美丑。废除割礼必须从源头开始，割礼的源头是存在了几千年的传统思想，改变人的思想最为重要却也最为艰难。

埃斯特告诉我，她从教以来不断地劝服女孩儿们的家长，让他们明白把孩子送进学校一定比把她们早早嫁人更有益。“要让人们知道是时候跟旧传统彻底告别了。”埃斯特这样对我说。

“我想上学，想拿到硕士甚至博士文凭，我要拼搏，为我的家庭带来改变。”这是薇薇安的信念，她告诉我她希望长大后做一名记者，为弱势群体伸张正义。

薇薇安和爸爸妈妈围坐在树荫下

坚强的薇薇安

“我接受过割礼，这是我永远的痛，但我选择坚强，选择为自己骄傲。”薇薇安眼神笃定，声音柔弱却掷地有声，就像她脖颈上的项链，风中银色的亮片叮叮作响，那微弱似旋律般的声响是寥廓草原上最响亮动听的一首歌。

在非洲所有的采访对象中，唯有薇薇安的讲述像一首诗，像一支歌，诉说着一个 15 岁少女的坚毅与刚强。

临行前与薇薇安的父亲聊天，年近七旬的老父亲说薇薇安常常把学校学到的知识讲给他听，让他也接受一些现代信息和思想，他觉得这样的确比把她嫁给一个能当他祖父的男人强。

老父亲看薇薇安时眼里充满慈爱，薇薇安在父亲面前也笑得格外甜美。我看着老父亲远去的背影，他又瘦又高，右手拄着一根棍，身披红黄相间的马赛布，背有些微驼，他就那样一步步向着草原深处走去，似乎把他这一辈马赛人的坚守也带向草原深处；而薇薇安，她蓝白相间的身影在无垠的草原上显得格外挺拔。

我期待着许许多多的薇薇安快快长大，期待着到那时，东非草原上的游牧民族能够摒弃旧思想，展开双臂，拥抱崭新的天地。

薇薇安与父亲

薇薇安父亲远去的背影

21

一棵孤树的生命力——女权斗士埃斯特

在我心目中，东非大草原上最动人心魄的景观不是浩浩荡荡的角马过河，惊心动魄的猛兽厮杀……而是这样一棵傲然挺立的树。每当看到它，我总忍不住拿出相机记录那苍劲的美，它孤傲的气质里生长出倔强与坚韧，强大的生命力震撼人心，它为烈日灼心的草原带去一缕清凉，在草原上找到它，就是找到了最大的慰藉。

采访薇薇安那天，在深入马赛部落的路途中，我不断看到身着鲜艳马赛族服饰的妇女，或头顶水罐，或身背婴孩，三五成群地走在辽阔的草原上。

旷野中，一望无垠的草原连着一望无际的天，放眼望去，唯有一两株孤树傲然挺立。云朵一层层在天与草原的边际线上浮游，摇曳起一缕清风，吹动着马赛妇女身披的艳色服饰，摇响她们脖颈间的配饰，黝黑的皮肤反射着炽烈的阳光，那种美动人心魄，明艳又极富生命力。

身着艳色民族服饰的马赛族妇女

“女人存在的意义是被看到，而不是被听到。”看到我拿着相机不停地捕捉马赛妇女美丽的身影，埃斯特对我说了这样一句话。

这是一个 46 岁的乡村女教师对马赛妇女命运的概括，寥寥数语，却是马赛族女性甚至整个非洲女性社会地位的真实写照。

埃斯特本人就是一个马赛女人，经历过那些宿命中的苦楚：割礼、童婚、不被尊重不受重视……在男性至上的社会体系中，面对这些伤痛与磨难，埃斯特们只有隐忍。幸运的是埃斯特这一辈的女人出生在非洲女性权利觉醒的时候，因此她的人生词典中不仅有隐忍还有崛起。

传统部落文化中，马赛女人从生到死都没有独立自主的权利，孩童时便要接受割礼，被迫嫁给男人，通常是年龄可以做自己祖父的男人。婚前是父母换取牛羊骆驼的等价交换物，婚后是丈夫的附属品，甚至不只属于一个丈夫，而是部落里的许多男人。除了操持家务生儿育女外，马赛女人的人生再无外延，她们的人生仅在双脚能够丈量的土地上，走不出草原上的边际线。

然而再贫瘠的土地，也抵挡不了生命的萌发，就像草原上的孤树，即便是独自生长，也要生生不息，一世独立。这就是埃斯特，一个为了争取女性权益而斗争的马赛女人。

为孩子们讲课的埃斯特

自信，自律，技能，这是埃斯特给她的女学生们上的一堂思想品德课的主题，我坐在教室后方，聆听埃斯特如何启发学生们做自己的主人，做独立自信的新一代马赛女性。

班上女孩儿们的年龄从 7 岁到 15 岁不等，都是埃斯特救助的女童，有的幸免于割礼，有的不幸接受了割礼，被埃斯特的寄宿学校收留，免于童婚。

埃斯特在黑板上写下几个关键词后，让班里一个年龄稍大的女孩儿发言，这个女孩儿是班上的优秀生，埃斯特想让她发挥榜样的作用。女孩儿说：“我要自信，相信自己是最好的。”随后埃斯特让班上年龄最小的女孩儿和她站在一起，让小的向大的学习，并告诉全班同学，她们要互相督促，共同进步。

埃斯特班上年龄最小和最大的女孩儿

年龄最小的小姑娘听课时眼里闪烁着纯真的光芒，没有烦恼和忧虑，充满好奇与憧憬。对于马赛少女而言，这样的安宁与愉悦如果能从课堂内延续到课堂外，那便是幸福。也正是为了这份幸福，埃斯特创建了这所学校，从一棵孤树开始。

广袤的原始草原上，马赛人的祖先在一棵树下给孩子们讲故事、讲人生，这是马赛人的精神学堂，这样的传统延续至今，如今仍有很多马赛村落以这样的方式教育后代，只是所教授的知识有所更新。

埃斯特的小学校便始建于这样一棵树，20 多年间，在政府和投资人的资助下，学校才盖起了铁皮房，随后又有了崭新的砖瓦房，条件虽然简陋，但埃

认真听讲的小姑娘

斯特带领着孩子们在这间校舍里学习、吃住，老师成为孩子们最大的保护伞，校园成了她们最温暖的避风港。有时女孩儿们的父母想把她们接回家，嫁人生子，但埃斯特坚持把她们留在学校，她说："在我眼皮子底下的孩子不能再出差错。"

在族人眼中，埃斯特是个挑衅传统、制造麻烦的人，在救助女童的过程中常与家长们起冲突，最严重的一次，家长拿着长矛冲进学校，扬言要杀了埃

孩子们在教室外表演马赛族歌舞

埃斯特学校的女孩儿们

斯特。在这样的危急关头，她虽头皮发麻但依然保持镇定，“我坚信我做的事情是正确的，我跟他们讲理，我找政府的人协助我，好在有惊无险，最后我还是把孩子留住了。”埃斯特讲述着那段经历，坚强的她声音微微有些颤抖。

1992 年从教至今，埃斯特不厌其烦地劝说孩子们的父母送孩子到学校读书。2012 年，她的小学校只有 10 个学生，到现在已经有 185 个学生，其中 44 名是女孩儿。一些村民看到受过教育的年轻人能在城市里找到工作，能过上富足的生活，也逐渐意识到教育的重要性。

埃斯特通过教育改变马赛族人生活的意志不仅仅局限于校园，还延续到了校园之外，她在 2010 年成立了一个名叫“妈妈与女儿”的妇女组织。

埃斯特与“妈妈与女儿”的妇女们

妇女们围坐在一棵孤树下听埃斯特讲课

“身为一个马赛女人，看上去美丽足矣，你不需要发表言论，你的言论和见解没有任何地位。”埃斯特这样说，这是由经济地位决定的，马赛人家中的财产都由男性掌控，为了改变这种现状，埃斯特决定让妇女们团结起来，依靠自己的力量改变命运。

埃斯特在“妈妈与女儿”中充当精神导师的角色。这个组织的首要功能是互助基金，妇女们定期向基金里存入一些钱，金额在她们力所能及的范围内，当组织里有成员急需用钱时便可以从基金中支取；埃斯特还想方设法为妇女们寻找机会，共同经营一些小生意，不但贴补家用，也能提高她们在家庭中的地位。

“妈妈与女儿”的另外一个功能是情感纽带。妇女们在每周一次的聚会上分享彼此生活中的烦恼和困难，相互鼓励，相互扶持；正如其名，互助组织还特别关注母女间的情感沟通，希望通过教育和交流让母亲更好地保护女儿，敢于向传统陋习说不，让母亲和女儿共同树立捍卫妇女权益的意识。

2016年母亲节前夕，埃斯特带我参加了“妈妈与女儿”每周一次的聚会。妇女们也是围坐在草原上的孤树下，听埃斯特讲课。当天讲课的主题是教育——

“给女儿和儿子同等的受教育机会”。

埃斯特首先请一名妇女代表发言，让她谈谈对这个问题的看法。诺拉瑞米自告奋勇，向同伴们讲述了她最近的遭遇，“我想让女儿去上学，可我丈夫不同意，他认为女儿没必要读书，养到十几岁嫁人，换取嫁妆才是她们该做的事。”

诺拉瑞米看上去三四十岁，有 10 个孩子，其中两个女儿，她最大的心愿是女儿不再重复她的人生轨迹，不再忍受她所忍受的痛苦。她认为只有教育才能让女儿走向不一样的人生，然而这个朴实的心愿却难以实现，不免叫人心酸。

诺拉瑞米一家的主要经济来源是 6 头牛，每头牛的市场价格最高时只有 3 万肯先令（约合 2142 元人民币），而送孩子上学，仅仅是小学阶段，每年的学费就要 10500 肯先令（约合 750 元人民币）。

听完她的讲述，我把诺拉瑞米叫到一旁，想与她谈谈心。我只说了一句话：“再多跟我聊聊你的生活吧。”其实我只是想通过她了解马赛妇女的生活概况，没想到诺拉瑞米的回答方式竟让我无言以对。

就在我话音刚落的那一瞬间，她把脸侧过去，面对着草原，泪水倾泻而下，那泪水中裹挟着巨大的悲痛，奔涌而出，她眼里本来还有着一丝的憧憬，却在那一刻溃散成了无尽的绝望。

诺拉瑞米

“现在一切都走向尽头，我看不到希望，如果我读过书就能有份工作，可是晚了，不可能了……”诺拉瑞米埋下了头，似乎想把深深的绝望踩在脚下。

诺拉瑞米告诉我她不知道自己的年龄，马赛族一直沿用一夫多妻制，一家里有十几个孩子不足为奇，父母顾不上记下每个孩子的出生年月也稀松平常。她的丈夫比她年长许多，已近暮年，全家人就靠她养活，卖牛奶，做点手工艺品，微薄的收入撑不起 10 个孩子的现在与未来。

她话不多，几乎是在用泪水讲述，愈加叫人心酸。从她简短的话语和汹涌的泪水中，我感觉到我可能不该来，不该让她看到同为女性，我的人生和她的竟那么不同，我的到来和我带来的属于外部世界的生活状态深深地撞击着她的心灵。

那一刻我想起那句话：“世界那么大，我想去看看。”走近马赛族妇女，我看到了我的经验范畴内从未踏足过的世界，让我觉得自己像是个鲁莽的入侵者，打破了这个马赛村庄原本的宁静，打乱了它周而复始的步调；对于诺拉瑞米而言，我的到来让她看到了外面的世界和那些她的人生轨迹里不存在的可能性，她像受了惊的鸟儿，急于想要飞出身处的境地，而她的翅膀却孱弱不堪，只能带她在现有的生活半径里盘旋。

“我看到受过教育的女人可以过上完全不一样的生活，她们可以去很多地方，可以与男人平等对话，”诺拉瑞米说，“我不可能过上那样的生活了，但我的孩子不能像我这样，她们得过上好日子。”诺拉瑞米想要改变，然而作为一个马赛女人，在家庭中没有发言权，丈夫的意志决定一切，想要改变步履维艰，改变的欲望愈强烈，无力感也愈发深重。

“在我们家，夜以继日工作的人是我，盖房子的人是我，去市场卖牛奶好让孩子们有饭吃的人也是我，没有女人就没有世界。”诺拉瑞米这样说。虽然没读过书，但她对女性的定位却颇有见地。

付出得不到回报，辛勤劳作却不受尊重，这是许多马赛女人的共同处境。非洲发展银行 2015 年的数据显示，非洲女性平均工作时间比男性长 50%，而

歌唱时仍难掩哀伤的诺拉瑞米

男女收入差距却很大，各行各业中，只有 15% 的公司有女性做到经理职位。马赛母亲诺拉瑞米是非洲各个阶层女性的一个缩影，她在家庭中遭遇的不公平待遇也正是非洲女性们在职场和社会中所处的困境。

为了与这种不公平做斗争，非洲出现了许多像埃斯特这样的女性精神领袖，上至为争取妇女权益而奋斗的女性政坛领袖，下到普普通通的部落妇女。在肯尼亚有一个女人村，这个村庄成立于 1990 年，村子里禁止任何男性前来生活，成立村庄的女人也是一个女权斗士，在她的带领下，妇女们自力更生，靠做农活、制作首饰过日子，许多附近村落的女性在受到男性的不公平待遇后纷纷来到这个村子生活。

听完诺拉瑞米的讲述，埃斯特起身给妇女们讲话，她用话语鼓励着大家，虽然我听不懂当地语言，但我感受到了她话语中的力量，也注意到在听她演讲时妇女们的神情中传递出的凝聚力。讲话之后，埃斯特请妇女们站成排，为我这个远方的客人唱支歌。

她们手捧着亲手制作的饰品，挂在我的脖子上，嘹亮的歌喉诉说着她们的心绪。我看了看诺拉瑞米，她脸上划过浅浅的一丝笑容，也许在歌声中她看到了希望，她感受到外面的世界其实带来一股力量，一股改变的力量。

她们的身后依旧是那棵孤树。在我心目中，东非大草原上最动人心魄的景观不是浩浩荡荡的角马过河，惊心动魄的猛兽厮杀……而是这样一棵傲然挺立的树。每当看到它，我总忍不住拿出相机记录那苍劲的美，它孤傲的气质里生长出倔强与坚韧，强大的生命力震撼人心，它延展的树枝像个伞棚，为烈日灼心的草原带去一缕清凉，在草原上找到它就是找到了最大的慰藉。

埃斯特们就像这样的一棵棵孤树，在男权社会中她们是孤立的，然而她们的生命力却是最顽强的。草原上的一棵孤树，它预示着希望，承载着生命，它是空旷辽远的大地上最美丽的风景。

22

贫民窟里的艺术灵魂

听到枪声照样玩耍，这样的童年并没有夺走他热爱艺术的灵魂，反而让他无所畏惧，只做自己想做的事，成为自己想成为的人。他说：“生活在贫民窟造就了今天的我，你无法用苦涩或幸福来形容它，它只是生活。”

生命的轮回：人死后人们记住的不是你，而是你做过的事以及你在他们思想和情感中留下的痕迹。生命不会终结，宇宙就在这样的轮回中运转。

人的聚合：自行车，对于一个孩童来讲它是玩伴，对于一个去买东西的人来讲它是交通工具。有时人就像自行车，在不同的人面前扮演着不同的角色，

作品《生命的轮回》

作品《人的聚合》

也就构成了人的差异性，但是人们之所以能在这个世界上共存是源于共性，就像自行车后的四个方块，虽然形态各异，却能聚合在一起。

这两幅画出自一位 1987 年出生的肯尼亚画家欧尼斯·马丁之手。欧尼斯在贫民窟长大，对自己的童年，他是这样描述的：“听到枪声习以为常，照样与同伴们玩耍，这是我最深刻的童年记忆。”

高中毕业后认定自己要画画，于是他选择了这个职业，生活虽然艰辛，但欧尼斯说：“我只有卖画时才觉得自己是个以画画为生的人，其他时候我觉得我只是在做我最热爱的事情。”

说到这儿，我看到欧尼斯画室里的一幅画，题为《贫民窟里的梦想》，画面主体是一对母子，母亲低垂着眼帘注视着儿子，儿子则在母亲怀里睁着好奇的眼睛，憧憬的目光望向远方，他们身后是一片夜色，点点星光在贫民窟简

作品《贫民窟里的梦想》

陋的铁皮房子上空闪烁。

这幅画正像是欧尼斯童年的真实写照，他儿时的梦想载着热爱艺术的灵魂在穷苦又充满暴力的贫民窟里飞翔，一路壮大，从未枯萎，正像他的画作所呈现的意境，点点星光，照亮着未来。

这位贫民窟艺术家的父亲是个打工仔，母亲卖水果贴补家用，父亲对他的期望是上大学，学工商管理，赚很多的钱，过上富足安稳的生活，但欧尼斯说："我从来没有在脑海中勾勒过这样一幅画，我穿着西装，打着领带，坐在办公室里。这不是我的追求，有那么多人挤破脑袋想过这样的生活，我何必再去凑热闹。"

跟欧尼斯聊天能够真切地感受到他的与众不同，也就是我们常说的艺术家的那种超脱，他说的很多话都颇具哲理，他的画作中也蕴含着很多对人生和生命的思考，他是个用思想画画的人。

专注作画的欧尼斯

刚开始的几年，为了谋生，欧尼斯和朋友们摆地摊儿，卖些手镯、明信片等小物件，勉强维持生计，与此同时，他在贫民窟小学免费教孩子们画画。欧尼斯从未受过专业美术训练，只是从小开始和同学们一起做手工、画画，那个时候他最大的希望就是有位美术老师来教自己，然而这个简单的愿望却未曾实现，所以现在的他在忙于创作的同时，坚持做美术课老师，用自己的知识和技能浇灌与他有着同样梦想的贫民窟孩子们。

如今欧尼斯的生活境况已大有好转，他的画在一些国际比赛中获奖，作品在美国、丹麦、中国台湾等地展出，为他赢得了很多机会，也让他把自己的艺术带出了肯尼亚，带出了贫民窟。

欧尼斯创作的最大特点是使用材料的大胆创新，非洲布料、绳子、塑料网等，这些看似没用的东西在他手里都可以成为艺术品。变废为宝是许多跟欧尼斯一样的肯尼亚贫民窟艺术家的共同天赋，他们有一种与生俱来的发现力和创造力，似乎能将身边的一切融入艺术，化腐朽为神奇，一个朋友曾为我讲述过一个贫民窟乐队把回收的垃圾制作成乐器的故事。

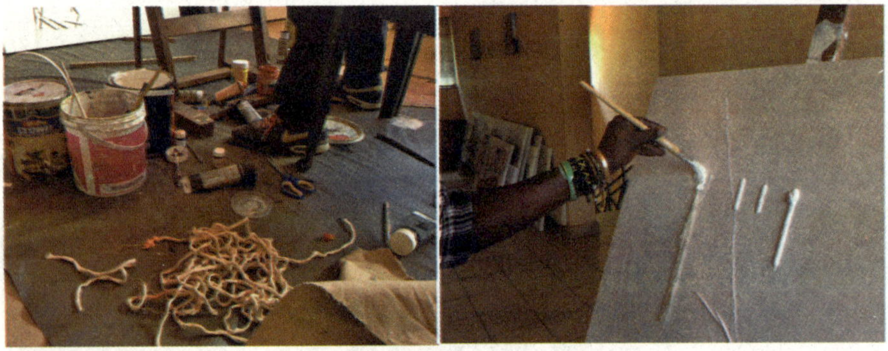

用绳子进行创作

每天早 9 点到晚 7 点，欧尼斯都在他的画室工作。我问他会不会感到孤独，会不会后悔自己没有顺从父母的意愿去做个商人，他打趣儿说：“我小时候帮我妈妈卖过水果，所以我做过生意，不用后悔。”

欧尼斯的画作大都以人为主体，洞察生活，思考人性的弱点，因为在贫民窟长大，他画的人物多属边缘群体。几次接触下来，我觉得欧尼斯的创作思想中有很强烈的质疑精神，他愿意打破常规，从不一样的角度去思考一个司空见惯的现象，他说他质疑所有常规的东西。

作品《street boys》（街头男孩）

就像这组人物肖像“street boys”，画面中的孩子都只有一只眼睛，我好奇缘由，欧尼斯说，人们把他们看作乞丐，觉得他们游手好闲，没有理想，甚至厌弃、鄙视他们，然而这些人只看到了街头流浪孩子们的一面。

“我认识一个孩子，他想学习音乐，我告诉他我可以帮他找老师，于是他每次见到我时都很兴奋，我可以感受到他对生活的热情，他的理想，他对未来的希望。”欧尼斯为我讲述着他眼中的流浪儿童。

为了画好这组流浪儿童的人物肖像，欧尼斯常去街头巷尾追踪这些孩子，与他们交谈并进行现场创作。

我发现画面中孩子们的眼睛是蓝色的，欧尼斯他说蓝色代表柔弱、纯洁、希望，他希望人们透过这样的眼睛，看到真实的流浪儿童群体，而不是标签化地定义他们。

“我不喜欢人们标签化地去认识一些事物、一些人，人们总是因为标签而忽略事实，而被贴上标签的人也因此失去自我。”欧尼斯总是这样喜欢反观、质疑，在我看来，这样的质疑是在为弱势群体伸张正义，寻找对他们公平、客观、宽容的认知和解读，他本人也是从这个群体中走出的一员。

听到枪声照样玩耍，这样的童年并没有夺走欧尼斯热爱艺术的自由灵魂，反而让他对人、对生活有了更深刻的理解，也让他无所畏惧，只做自己想做的事，成为自己想成为的人。

创作之余，欧尼斯一直坚持给内罗毕一个贫民窟小学代课，他还给自己制订了一项计划，找一个愿意提供场地的教堂，开一个免费美术班，他说这样不同学校的孩子都可以来学习，而不只是一所学校。

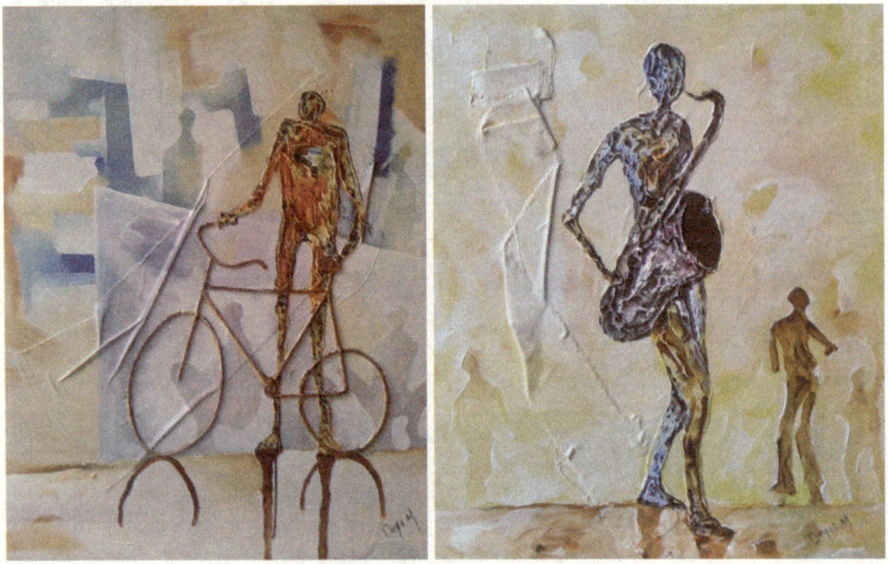

欧尼斯画作

“我希望通过艺术传递思想，不单单是通过画画表达我自己的想法，也要通过教画画启发更多的孩子，让他们从艺术中获得思想。”欧尼斯还有一个远大的未来目标，在肯尼亚边远地区为热爱美术的孩子们建造一个艺术中心，给更多贫民窟里的艺术灵魂插上翅膀。

欧尼斯·马丁语录：

“我不相信常规，我质疑一切常规。”

“人在哪儿都可以快乐，只要他知道自己真正想要什么，问题是人们常常混淆了自己内心真正想要的和自己的头脑认为自己想要的。”

“每个人生来都有一个目的，婚姻是为了找到一个能跟你分享这个目的的人，而不是把两个不同的目的变成一个，这样的婚姻是错误的。”

“生活在贫民窟造就了今天的我，你无法用苦涩或幸福来形容它，它只是生活。”

正在创作的欧尼斯

23

索马里难民妈妈：战乱不会让我交出梦想

我不经意间看到她头巾里掩藏着的发髻与侧脸，那是包裹在战乱、挣扎、贫苦下的坚毅与美丽。在逃离战火后，她的眼睛里依然燃烧着对生命的热忱。

蒂娜，这个21岁的索马里妈妈，给我的感觉那么遥远，又那么亲近。在讲述姐姐的逃亡经历时，她的眼睛里仍然有恐惧，但在和我拥抱时，她的温暖却那么真实。

苦难无法抑制一个年轻生命的热忱，而一个母亲血液里的强韧就是希望。蒂娜相信，对她7个月大的孩子来说，爸爸的肩膀和妈妈的怀抱才是最真实的世界，“只要我们的家快乐、安全，他就是幸福的。”从战乱的索马里嫁到肯尼亚的贫民窟，她经历的一切超乎你的想象，但她却从未放弃过自己的梦想，她要做一名新闻记者，一位让孩子骄傲的妈妈，她的笑容那么坚强、乐观，始终传递着明媚的希望。

蒂娜——索马里女人的缩影

蒂娜，一位21岁的年轻妈妈，也是一名索马里难民。

提起索马里，你能想到什么？海盗、战乱、贫穷……大抵没有更多了吧，这个国家的遭遇距离我们那么遥远，生活在这里的人们，他们的人生际遇与追寻我们更无法想象。

2006 年，为躲避战乱，也为陪患病的母亲看病，12 岁的蒂娜同母亲一道从索马里逃到肯尼亚，在亲戚的照拂下，她们得以留下来，蒂娜还完成了高中学业。

蒂娜的母亲从未上过学，父亲的小生意由于战乱无法维持后，母亲曾只身前往沙特阿拉伯，先是做劳力活，后来又做起小生意，用 6 年时间攒了一笔积蓄，支撑起整个家庭。

蒂娜

对一位索马里妈妈来说，人生的终极意义往往就是孩子。谈起母亲，蒂娜说："妈妈最开心的时刻就是我们这些远在异国的孩子给她打电话，我的兄弟姐妹中，有些正在移民的路途中，有些已经安定在某个国家。"

越是贫穷、落后的地方，人们越会把所有的梦想和希望都转嫁到孩子身上。在索马里，贫穷、战乱、虚度和死亡，仿佛一道道难以打破的咒语，令世世代代的努力显得徒劳。

"在索马里没有人认真对待教育，每个家庭都会有很多孩子，到 14 岁时，父母就不再对他们负责了，孩子要自谋生路，所以没有人好好读书，很多女孩儿都是文盲。索马里女孩儿在家中不被看重，她们从小接受的教育是待在家里，照顾男人，好的食物要给男人，受教育的机会，家中的财产，更是她们不敢‘觊觎’的事情。”

蒂娜告诉我，索马里人对外界的判断大多基于自己的想象，他们不知道这个世界正在发生什么，索马里女人尤为如此。

“我临盆的时候胎位不正，当时情况很危险，可妈妈不让我去看医生，只是温柔地安慰我说，等等，再等等就会好起来。”蒂娜一面说，一面轻轻抚摸着自己7个月大的儿子。在索马里，很多女人会因为生产而丢掉性命，或者因为感染，长久卧于病榻。

重复母亲的人生是大多数索马里女孩的命运。幸运的是，蒂娜跳出了妈妈的人生。尽管妈妈没有足够的医疗常识，但她很重视教育，她鼓励蒂娜多读书，这在索马里女性中并不常见！因为妈妈，蒂娜还学到了她生命中最重要的品质：耐心。“对待生活如此，对待婚姻更是如此。妈妈常常跟我说，在最艰难的岁月里也要有耐心，要相信一切都会过去，一切都会好起来。”

蒂娜与丈夫安迪卡、儿子祖贝

十余年流亡海外的姐姐

“对我的姐姐来说，生命的意义就像去赴一场虚幻的宴会，就像一个孩子在追逐五颜六色的泡泡。”

蒂娜最近正在读一本小说，小说讲述的是两个失散的姐妹如何在多年后找到彼此。这样的故事，蒂娜正在亲身经历。

蒂娜的一个姐姐为了逃离战乱设法移民到美国，可惜，她失败了。从2007年到现在，姐姐一直在流亡，“她没上过学，认定美国是天堂，可惜到现在她也没有成功，我们已经很多年没见面。”蒂娜讲述姐姐的经历时，眼里透出一丝哀伤与恐惧。

为了改变命运，蒂娜的姐姐勇敢地开始了孤独的跋涉。她翻山越岭，从东非到北非再到欧洲，每一次跋涉都可能丢掉性命。穿越利比亚沙漠时，一连数日没有任何供给，许多同行的非洲难民永远留在了那片沙漠里，蒂娜的姐姐却因为“不甘心”，幸运地走了出来。从利比亚到意大利，姐姐和其他穿越者，每人交付了足足700美金“巨款”，才换来通往未来的船票，而带他们偷渡地中海、驶向梦想彼岸的诺亚方舟，不过是一只难经风浪的塑料小船……

这就是姐姐的移民之路，千辛万苦抵达一个新的国家，想尽办法留下来，苟且偷生，赌上一切。然而她赌上性命去奔赴的“天堂”，并没有张开双臂迎接她，她也不会理解，什么是法制、规则和阶层，缺乏教育，让她只能凭着本能的渴望，马不停蹄地逃离。对她来说，生命的意义是去赴一场虚幻的宴会，就像一个孩子追着一个五颜六色但一触即破的泡泡，结局终是幻灭。

索马里内战让这个国家四分五裂，也让千千万万个索马里家庭支离破碎。蒂娜告诉我，她的父亲有两个妻子，八个孩子，除了年迈的父亲留守家园，其他人都不得不逃离故乡，去谋一条生路——“对我们来讲，生命的追求是活着，我们甚至会赌上性命，只为活下来。”

在爱情里重生

蒂娜得以安然度过生产的险境，全归功于她的丈夫，她的初恋，她最爱的男人。

“蒂娜生宝宝的时候，我用了好几个小时说服我的岳母，她才同意我带蒂娜去医院，否则结果难以想象。”蒂娜的丈夫安迪卡告诉我。

夫妻俩结识于三年前，安迪卡的一个朋友患骨癌，需要筹集资金治病，蒂娜得知后在索马里社群中义务帮忙四处筹钱。

“她为我们筹了不少钱，东奔西跑，可她没动过里边一分一毫，把家交给这样的好姑娘，我很放心。”安迪卡是个贴心的丈夫，记得第一次到访他们肯尼亚的家，刚好路过一家索马里人开的点心铺，他让我等等，他要给妻子买她最喜欢的索马里甜食。

好的爱情，一定不是桎梏，而是让人成长，得到更广阔的世界。“他是我的初恋，他让我觉得很有安全感。”蒂娜说，她跟安迪卡相恋两年，结婚一年，婚后一个月便有了宝宝。小生命的诞生给了这对恩爱夫妻很大的动力，更让蒂娜，这个只有 21 岁的年轻妈妈找到了自己人生的坐标。

守护梦想，做骄傲的母亲

蒂娜说，她有个记者梦，在遇到安迪卡之前，受家庭的影响，她放弃了这个梦想。那时，她身边的声音是，女人应该守着家，不应该东奔西跑，与男人、外界有过多的接触。

“但是遇到安迪卡之后，他告诉我应该坚持自己的理想，他现在努力赚钱，每天早晨 5 点就离家去工作，就是为了赚足够的钱，等我们宝宝再大点，就送我去读大学，念新闻专业。”蒂娜说，这个男人让她认识了外面的世界，也认识了自己。

第一次去蒂娜家时，从事新闻工作的安迪卡告诉我，他们有个大计划，他要攒钱，要和蒂娜一起制作一档面向索马里儿童的教育节目。蒂娜说：“我想帮助更多索马里人，让他们知道读书有多重要。从事新闻工作也是我自己的梦想，我一定要完成它。”

三个月后，当我再次到访蒂娜家时，发现简陋的客厅墙上挂满了卡通贴图，角落里还摆着几盏像是摄影棚淘汰下来的照明灯。安迪卡兴奋地告诉我，他们

蒂娜一家居住的贫民窟街景

的第一期节目已经制作好了，在 Youtube 上可以看到，希望有媒体对他们的节目感兴趣。

“这是我第一次拿着话筒面对镜头，安迪卡告诉我该怎么做，我感觉很棒，特别喜欢这份工作。”蒂娜骄傲地说起她和丈夫的事业，神采奕奕。

我十分惊讶他们的行动力。第一次他们向我说起这个计划时，听上去还像一个遥远的梦，可短短三个月的时间，他们已经将它实现！我想，这就是爱的力量，对彼此的爱，对孩子的爱，对生命本身孜孜不倦、追求光明的爱。

蒂娜一家居住的贫民窟是内罗毕最危险的贫民窟之一，暴力事件频发。安迪卡每天出门前，要花 5 分钟时间，听听门外的动静，看看有没有异常。他还不得不与流氓团伙混熟，以降低被抢劫袭击的概率，即使这样，他的手机也经常被抢走。

虽然没有生活在战事连绵的索马里，但生活在肯尼亚的贫民窟，小生命的成长也时刻受到威胁，暴力、毒品、疾病每一样都近在咫尺。蒂娜和安迪卡希望通过自己的努力，给孩子树立榜样，让他能够在这样的环境里依然善良、坚强、积极向上，就像他的父母一样。

“我要守护我的孩子，不让他接触到我们生活环境里那些丑恶的东西。我相信，对他而言，只有爸爸和妈妈才是真实的世界，只要我们的家庭开明、快乐、安全，他就是幸福的。非洲有句话说，每个孩子的降生都带着他的福祉，我相信我的孩子就是这样。”蒂娜对宝贝的期望，跟所有妈妈都一样，希望孩子可以平安、健康地成长。但跟很多妈妈不同的是，为了这个平凡朴素的愿望，她需要付出艰辛努力。

蒂娜说，等宝宝五岁时，她要再生一个孩子，28岁以后，她就把精力更多地放在工作上，她要完成新闻专业的学习，要做记者，做一个让孩子们骄傲的母亲。我知道，蒂娜一定不会让自己失望。

我与蒂娜的对话摘录

我：在发达的国家和地区，会有很好的生活秩序和条件，你有没有觉得自己的出生很“不公平”？

蒂娜：没有，我一直觉得自己很幸运。我有足够的食物和水，爱人保护我，有健康的孩子，我还可以看书。我觉得人应该学会感恩，珍惜自己拥有的。

我：你们的第一期儿童节目，录制了什么内容？

蒂娜：我们推荐了一些书，我们希望孩子们可以看书。书可以让他们的精神起航，离开索马里，在书的世界里，大家都是自由平等的。

我：如果没有遇到安迪卡，你的人生会是什么样？

蒂娜：我相信婚姻，即使嫁给一个不那么如意的丈夫，我仍然会认真对待婚姻生活。婚姻不只是快乐、幸福，它也包含着争吵、痛苦、矛盾，这些都是婚姻的组成部分。如果我的丈夫不那么优秀体贴，我会更多地依靠自己，更自立，但我对婚姻的信念不会改变，任何情况下我都会努力把日子过好。

与蒂娜相处，最打动我的是她的拥抱，每次见面与离别时，她都会迎上来给我一个温暖的拥抱，完全不像我想象中的穆斯林女性那么拘谨，给人以距离感。从她的眼睛里，我看的到一个21岁女孩的纯真与善良，在逃离战火后，这双眼睛依然燃烧着对生命的热忱。无论她生活的环境多么贫穷险恶，她从未放弃做美好的自己，就像我不经意间看到她头巾里掩藏着的发髻与侧脸，那是包裹在战乱、贫苦、挣扎下的坚毅与美丽。

24

听第一夫人长跑教练传授长跑秘籍

“跑步要全神贯注，它是一个冥想的过程，要动用所有的感官去呼吸，聆听，观察，思考，跑完后整个人焕然一新，这才是跑步的乐趣。”

“跑步是我的信仰。”

——道格拉斯 · 瓦基胡里

两小时两分钟五十七秒，这是马拉松男子世界纪录的用时，开创这个世界纪录的人是肯尼亚长跑运动员丹尼斯·基米拖，这一辉煌的战绩在 2014 年 9 月的柏林马拉松世界大赛上被载入史册。

时间倒回到 2012 年 4 月，两小时三十一分五十一秒，波士顿马拉松大赛男子组和女子组的冠军都已结束赛程，令人惊讶的是男子组和女子组的冠亚季军都是肯尼亚人。当时媒体不禁惊呼：肯尼亚人称霸世界级长跑赛事！

这不是偶然，更不是冷门，这是长跑界一个人尽皆知的事实，却也是专业人士和媒体不断猜测却始终未能找到答案的谜题：肯尼亚人的长跑秘籍究竟是什么？

一些欧洲研究机构在肯尼亚做了实地调研，研究发现经过短短几个月的训练，肯尼亚业余长跑爱好者就能跑赢西方专业长跑运动员，他们有着比西方专业运动员更适合于长跑的身体结构，腿长、躯干短、四肢纤细。

的确如此，我在肯尼亚经常见到让人艳羡的纤细长腿，不像其他人种的长腿，视觉上仅给人以高挑苗条的感觉，肯尼亚人的长腿更为骨感，给人一种

2015 年内罗毕马拉松大赛上的长跑健将

力量感，仿佛猎豹，瞬间爆发的力量便可以风驰电掣。

还有一些猜测把肯尼亚人的长跑秘籍归功于从小赤脚生活，由于交通不发达，很多孩子要赤着脚跑步去上学。这倒不假。我在肯尼亚见到过很多马赛族的孩子赤着脚到处跑，然而这一猜测并不是很有说服力，毕竟南亚很多国家的人也习惯赤脚走路，然而他们并没有像肯尼亚人那样在长跑上取得骄人的成绩。

还有一种说法把肯尼亚人的成功归咎于高海拔训练。肯尼亚有个长跑之乡叫埃藤，位于肯尼亚西部高地，海拔 2400 米，是中长跑的集中训练营，也是冠军的摇篮。长期在高海拔、空气稀薄的环境下训练，运动员的心肺功能会大大增强，当他们到低海拔的地方进行比赛时，便能轻松完败对手。

然而也有反对的声音说，世界上高海拔训练的地方不止肯尼亚一个，而大批量诞生长跑健将却是肯尼亚拔得头筹。还有专业人士指出，最好的训练方式其实是在高海拔地区睡觉，低海拔地区训练。

众说纷纭，谜题始终未能解开。在我看来，身体素质、环境、生活习惯，这些都是肯尼亚人在长跑上取得非凡成绩的必备要素，要说秘籍，我向来不信成功是靠秘籍得来的。然而，在肯尼亚，我偶遇了第一夫人的长跑教练，却让我对成功的秘籍有了几分相信。

与道格拉斯·瓦基胡里见面时，我并不知晓他的身份以及他辉煌的过去。我们相识在一个极限运动展上，当时的我出于好奇，想向站在我身边的道格拉斯询问一些肯尼亚极限运动的情况。

寒暄几句后，我注意到道格拉斯穿的黑色运动夹克上标着“First Coach”（第一教练）的字样，我并未多想，只顾着继续同他聊天。道格拉斯话不多，算不上友好，却有问必答，他身上有一种耿直的气质，腰杆笔直，眼神炯炯，散发着一股子傲气和倔强。

肯尼亚第一夫人的长跑教练道格拉斯

聊了一会儿后，旁边一个人把我拉到一旁，悄悄告诉我他是肯尼亚第一夫人玛格丽特·肯雅塔的长跑教练。我这才恍然大悟，原来真是第一教练。

道格拉斯是 1987 年世界田径锦标赛冠军，1988 年汉城奥运会长跑亚军，1989 年，他成为第一个获得伦敦马拉松冠军的肯尼亚人。这些都是在与道格拉斯见面后我在网上查到的信息，他本人对此只字未提。参加当天的极限运动展是为了给他的长跑训练营造势，让更多人参与这项运动。

我问道格拉斯，肯尼亚人的长跑秘籍是什么？他说是热爱。

为什么热爱？“因为跑步是与自己身体的一场对话。”道格拉斯说。

52 岁的道格拉斯虽然已经不再参加比赛，但仍然坚持每天至少三个小时的训练，他凌晨 4 点起床，5 点到 7 点跑步两个小时，随后到办公室用早餐，9 点钟再进行 1 小时的健身房训练。

道格拉斯与粉丝们

“跑步是我一辈子的追求。”道格拉斯告诉我。我问他除了跑步还有什么其他爱好，他说是音乐。道格拉斯年轻时曾在日本生活过 6 年，所以他现在的一大爱好是用日语写歌。

“你的两个爱好可以结合起来，跑步的时候听音乐再好不过。”我这么说着，道格拉斯却对我摇摇头。

“跑步要全神贯注，它是一个冥想的过程，要动用所有的感官：呼吸，聆听，观察，思考，跑完后整个人焕然一新，这才是跑步的乐趣。”道格拉斯这一席话算是肯尼亚人的长跑秘籍吗？我们常说态度决定一切，用如此虔诚的态度对待跑步，定会让人受益匪浅。

对于道格拉斯而言，跑步是一种信仰。

在肯尼亚，热爱跑步的人比比皆是。上下班高峰期常能看到许多健步走的人，他们步伐矫健，气宇轩昂，他们中间会时不时出现几个跑步的人，无论胖瘦高矮，奔忙在各自的生活中。

道格拉斯的学生，第一夫人玛格丽特也是长跑的忠实拥护者。年过 50 岁的玛格丽特于 2014 年 4 月完成了伦敦马拉松全程 42.195 千米的赛程，用时 7 小时 5 分 38 秒，道格拉斯作为教练一路陪伴， 他说这是他人生中跑过时间最长的马拉松。“但不管怎样，她坚持下来了。”道格拉斯说。

第一夫人的这一举动其实不仅仅出于个人爱好，还是为了给慈善事业筹措资金。玛格丽特有一个“破零”（Beyond Zero）计划，旨在为肯尼亚 47 个郡购置移动诊所，让所有边远地区的贫困妇女在生产时能够得到正规的医疗诊治，减少肯尼亚出生死亡率。

“我们最初的训练是从 1 千米开始，她用了 45 分钟，但是她始终坚持，从未放弃，才能最终跑完伦敦马拉松，现在她还坚持训练，我为她制订了一项计划，每周都按计划实施。”道格拉斯讲述着第一夫人的训练历程。

他还告诉我说，肯尼亚人热爱并坚持长跑，是因为这项运动给他们的生活带来了改变，第一夫人用长跑改变普通百姓的生活，而普通人亦是在长跑中改变着自己的命运。

奔跑中的马拉松健将

与我和道格拉斯一同聊天的还有另外一位长跑运动员马克斯韦尔，他的本职工作是银行职员，长跑是他的第二职业，每天从家到办公室20多千米的路途他都是跑步完成。

马克斯韦尔很赞同道格拉斯的观点，他把长跑看作是生活的引擎和动力。

“我有一个朋友，是个单亲妈妈，在我的鼓励下她开始长跑，后来有一天她告诉我如果不是长跑，她就不可能成为现在的自己，跑步带给她的正能量支撑她在艰苦的条件下攻读完硕士学位，找到一份稳定的工作。”马克斯韦尔给我讲述着他身边的长跑故事。

马克斯韦尔如今也做教练，他训练的一支业余长跑队每周六训练，这支队伍汇聚了肯尼亚各个社会阶层的人，有政府高层官员，他们的亲属，还有普通人，但是他从不公开大家的身份，队员们只是每周聚在一起一同训练，享受跑步带来的快乐。

奔跑中的马拉松健将

作为银行职员，马克斯韦尔很讲究实际效益，他说在跑步这项运动中每个人都是赢家。运动员通过长跑养活自己，赞助商得到宣传的机会，观众享受观赛的过程，“更重要的是，跑步真的会让你变成一个不一样的人，健康，积极。”

马克斯韦尔和道格拉斯一致鼓励我加入他们的长跑队伍。道格拉斯说，

参加马拉松比赛的贫民窟小学生们

你问我肯尼亚人的长跑秘籍是什么，我没办法用语言告诉你，这是我们的文化，就像你们的太极，你要亲自体验，成为我们中的一员，才能真正找到答案。

然而，我并没能有机会参加道格拉斯的长跑训练，这是我在肯尼亚留下的最大遗憾，如果能在世界长跑之乡获得长跑秘籍，岂不是如获至宝？

视跑步为信仰的道格拉斯从未停止过“奔跑”，他将长跑训练营开到了贫民窟，给贫民窟孩子们当教练，他说这些孩子们天赋过人却缺少机会，他要做创造机会的人，要通过跑步激励这些孩子们奔向成功。

我想这便是我要寻找的秘籍，道格拉斯已经传授给了我：热爱、坚持、超越。对待理想，我们要用热情浇灌，用毅力坚守，用一个又一个目标不断地超越自我。我想不仅是对于长跑运动员，揣着这个秘籍，成功离任何人都不再遥远。

25

项链串起的人生故事

每一串项链都诉说着一个故事，或艰辛伤感，或温情励志。聆听这些故事的最好方式，是看故事主人公们用灵巧的手指串起那一串串的人生故事，用心倾听每一个图案诉说的喜怒哀乐，用爱感受每一抹色彩中蕴含的勃勃生机。

离开肯尼亚之后，在那里生活的岁月变成了一部经久不衰的电影，常常在我脑海中回放：明澈的晴空，清脆的鸟鸣，甜腻的芒果，还有热情的人们……回想初到肯尼亚时的画面，首先浮现在眼前的是一些花花绿绿的项链，它们是我在到达两天后第一次逛超市时，在一个专卖店看到的。

Kazuri 项链

这些项链让我对肯尼亚展开最初的想象，它们艳丽的色彩演绎着浓郁的非洲风情，让我当时悬着的心落了地。心之所以悬着是因为害怕非洲生活太过单一贫乏，然而看到漂亮的饰品，我便知道这里的生活不会是枯燥无味、毫无时尚和律动的；仔细瞧瞧，每条项链的设计各不相同，活脱脱地迸发着想象力和创造力，那么这里的日子一定会是丰富而精彩的，只待我用明亮的眼睛去观察与发现。

这幅多彩的画面就这样停留在我心里，之后的几个月，在肯尼亚有太多的新鲜事吸引着我，数次经过那家店铺，却没有再去刷新最初的印象。也许正因为它是我对肯尼亚的第一印象，反倒使它停滞在那里，变成既熟悉又陌生的画面。直到在肯尼亚生活九个月之后的一天，我才真正了解了那些多彩玲珑的项链背后隐藏着的人生故事。

这些项链有个统一的名字，叫作 Kazuri，在斯瓦希里语里是小而美的意思。它们出生于 1975 年，如今四十岁出头，如果把它们比作女人，那么正是最具风韵的好时候。

它们的母亲名叫苏珊，是位出生在西非茅草屋里的英国女士，她在英国读完书嫁给一位外科医生，于 1947 年来到东非肯尼亚。

当时的苏珊协助丈夫的工作，夫妻俩共同创立了面向整个东非地区的医疗服务机构，如今已经发展成为非洲最具影响力的医学研究机构之一；除此之

Kazuri 工厂外景

外，苏珊还致力于帮助非洲单亲母亲，她热爱陶艺和用陶瓷制作首饰，于是便雇了 4 个当地单亲妈妈，把制作陶艺项链的技能传授给她们，如今这 4 个单亲妈妈中有一位仍然在 Kazuri 工厂里工作，凭着这份工作，她独自养大了 6 个孩子。

65 岁的伊丽莎白是工厂里最年长的工人，也是苏珊最初雇佣的 4 个单亲妈妈之一。跟伊丽莎白聊天，她告诉我说只要她有能力就会一直在这儿工作下去。我问她在工厂里最高兴的事情是什么，她说是有访客参观的时候，这意味着她制作的项链能卖出去，她可以赚到更多的钱，过上更好的生活。

65 岁的伊丽莎白

伊丽莎白负责第一道工序，把经过机器加工挤压出气泡的黏土塑成各种形状的珠子。圆、椭圆、长方形、水滴形、菱形……工厂的女工们平均每天要生产 3 万颗大大小小、形态各异的珠子。

伊丽莎白见证了工厂从诞生至今的成长过程。回忆起苏珊时她说：“她总是很和蔼，到工厂里来手把手地教我们。”伊丽莎白说她是幸运的，前后两位老板都是很善良的人。

2006 年苏珊去世后，接手 Kazuri 的是一位同样致力于帮助非洲单亲母亲的印度裔肯尼亚女士，如今这间手工艺作坊由她和她的弟弟雷蒙德·格斯共同经营。

第一步：给珠子塑形

第二步：给串珠上色后细致地描画图纹

第三步：将上色后的串珠放在架子上晾干，放入电炉中加热 10 小时

第四步：用鱼线将串珠串成项链

总经理雷蒙德告诉我，每年这些单亲妈妈生产至少2.5万条项链，除了在本地市场销售外，还销往17个国家，其中60%销售到欧洲，15%销售到美国。

2010—2011年是Kazuri经营历史上最辉煌的时间，但在那之后经营状况日渐下滑。欧美经济发展放缓是一方面原因，更重要的是肯尼亚因遭受恐怖主义袭击，安全形势堪忧，对旅游业造成重创，大大削减了Kazuri赖以生存的游客资源。“每次看账单还贷款的时候都有些犯愁，但我不会辞退任何人。”雷蒙德说他的经营目标不是盈利，而是保证这些单亲妈妈有工作。

Kazuri工厂共有约300名员工，厂里设有免费药房供员工和她们的孩子使用，工厂定期请医生来为女工检查身体。每两个月举办一次讲座，内容涉及健康、理财、加强自我保护意识等，帮助在两性世界里受到伤害的单亲妈妈们重拾对自己和对生活的信心。

雷蒙德告诉我，他和姐姐一起负责产品设计，每年至少更新100个样式，它们项链的售价折合人民币从85元到300元不等。作坊给工人们提供的工资待遇折合人民币每月从900元到1700元不等，根据工龄和技术熟练程度划分工资等级，这样的收入可以保证单亲妈妈和她们孩子的日常生活、教育与医疗，而且略高于其他简单劳动力工作的薪资水平。

雷蒙德说她姐姐跟苏珊一样，从小的梦想就是帮助非洲妇女，她们觉得这项工作不仅能创造帮助他人的机会，还让她们自己有一种踏实的满足感。雷蒙德说工厂会一直延续苏珊和姐姐的初衷，这是Kazuri的灵魂。

为了保护这些单亲母亲，工厂不希望人们过多询问她们的个人生活，我只在参观工厂时与一个叫凯瑟琳的女工闲聊了两句。凯瑟琳今年40岁，抚养着4个孩子，最大的女儿19岁，最小的儿子5岁。她开朗健谈，说有了这份工作后她的孩子们有房子住、有饭吃、有学上，她很满足。

我问她为什么不考虑给孩子们找个爸爸，她说孩子们的父亲是个极不负责任的人，没有固定工作，从不考虑承担孩子的生活费用，因此她没想过要嫁给这个人。嫁与不嫁，她都要靠自己抚养孩子。而有了这几个孩子，再交往的

Kazuri 项链加工厂全景

男人往往不会认真对待她，有的境况还不如她，指望着跟她混口饭吃，这样的男人她更不想要。

“我女儿现在 19 岁了，我告诉她，女人要依靠自己。如果有个男人处处关心爱护你，那么你很幸运，如果不是这样，你就要过自己的日子，并且相信你能过得快乐。”凯瑟琳说这句话时，脸上带着微笑，眼里透着坚强。

这是一种母性的担当，也许背后有着无奈和不得已，但却是一个非洲单亲妈妈对生活的选择和坚守，也是一个女人强大内心力量的源泉。

我在非洲期间采访过多位单亲妈妈，她们的遭遇很不幸，大多是被丈夫抛弃，有一位是在结婚七八年后，丈夫有一天突然消失，丢下她和儿子再也没了消息。为了抚养儿子，她打两份工，艰辛度日，却坚强自信。她有着清晰的

下班收工时的 Kazuri 女工

40 岁的单亲妈妈凯瑟琳

制作 Kazuri 工艺品的肯尼亚单亲妈妈

职业规划，打算在打工之余，经营自己的小买卖。她说，我要让自己过上好日子，让儿子过上好日子，至于男人，如果有人真心待我，那么我会接受，如果没有，我可以为我和儿子撑起一片天。

这些单亲妈妈的故事，让我对女性应当如何自强自立做了很多思考。不管境遇如何，身处何方，女人都应该选择坚强和豁达，因为不管生活富有还是贫穷，身处怎样的社会阶层，女性总要面对各式各样的考验和困难，那么，我们该如何面对？我们是选择去驾驭它们，用坚定的内心和笃定的行动去赢得人生，还是选择自怨自艾，期待着幸运的降临、他人的关心，在等待抱怨中蹉跎岁月……输赢之间只看我们自己做何选择。

这些串项链的单亲妈妈，让我看到独属于坚强女性的美，让我感受到原始母性力量的强大。我在面对她们时，反观着自己的人生，思考着如何用更加感恩与积极的态度拥抱生活。

每一串 Kazuri 项链都诉说着一个故事。凯瑟琳的故事只是千千万万个故事中的一个，也许是最平凡的一个，却传递着最不平凡的力量。虽然我很想去了解这些五彩缤纷的项链背后更多的故事，或艰辛伤感，或温情励志……但聆听这些故事的最好方式，也许是看女工们用灵巧的手指串起那些珠子，用心灵去倾听每一个图案诉说的喜怒哀乐，感受每一抹色彩中蕴含的勃勃生机。

26

“众人一起过河，不会被鳄鱼吃掉”——互助互爱的肯尼亚人

众人一起过河，不会被鳄鱼吃掉。一根木棍会冒烟，但它无法燃烧。两只蚂蚁总敌得过一只蚂蚱。

如果你想走得快就独自行走，如果你想走得远就并肩前行。

——有关团结互助的非洲谚语

离开肯尼亚三月有余的一天，社交网站上的一张照片惊艳了我。

8 个肯尼亚姑娘身穿小黑裙，头戴色彩各异的非洲花布头巾，笑容灿烂如明媚的春光。她们是一个自发成立的舞蹈小组成员。

在我离开肯尼亚的前一周，我最后一次观摩了这个舞蹈小组的训练，也是她们第一次登台表演的彩排，距离小组成立整整半年时间。在半年内上演一部舞蹈作品，这正是这样一群热爱舞蹈的姑娘，在小组成立第一天定下的目标。

记得那是一个周日的下午，玛丽昂约我到一个咖啡馆见面，那天的阳光愉悦地洒在咖啡馆绿荫掩映下的小院里，与我们同时见面的还有大概十几个女孩儿，她们都是日后舞蹈小组的成员。

玛丽昂是我的非洲舞老师。我同她和她的伙伴们有着同样的爱好——舞蹈。来到肯尼亚必定要学习非洲舞，我上过一次玛丽昂的课后便被她热情奔放的舞蹈风格吸引，她也总是表扬我的舞蹈风格细腻优雅，于是我们便因舞结缘。

那天的聚会我们十几个姑娘围坐在绿荫下，那是内罗毕市中心闹中取静的一处院落。大家各自点好东西后，玛丽昂拿出一个本子，按照上面的记录宣

舞蹈小组成员合影

读了起来："今天我们聚在一起是为了商讨舞蹈小组成立的相关事宜，我们要建立一个专属于自己的女性舞蹈团体，通过这个团体大家相互敦促，提高舞技，我们最强调的是纪律。"玛丽昂严肃认真地说着，颇有女性领袖风范。

她这么一席话让我有些惊讶，看看周围的姑娘，大家都认真地听着，记着笔记，我这才恍然大悟，原来这并不是一次随意的下午茶，而是一次严肃的会议。

玛丽昂接着开始宣布舞蹈小组的练习计划，每周固定时间在固定地点练习两到三次，每次练习时间两小时，练习的内容为基本功训练和成套舞蹈作品学习。

宣布完毕后，玛丽昂让每个在场的姑娘发表自己的意见，大家共同商定排练的时间和内容。

那天的下午茶持续了三个多小时，大家你一言我一语，对即将成立的属于自己的团体兴奋不已，一下午的讨论热烈并富有成果，大家制订了一个半年"行动路线图"，也就是经过半年的训练，拿出精彩的舞蹈作品登台表演。

事实证明这是一群言必行、行必果的姑娘，作为旁观者，也作为一个热爱舞蹈的姑娘，从认识她们的第一天起到现在，我都一直在心里默默地为她们点赞，赞她们的勤奋与果敢，更赞她们彼此激励，互助互爱。

说到互助互爱，这是我眼中的肯尼亚人身上普遍存在的一种美好品质，正如非洲谚语所说，如果你想走得快就独自行走，如果你想走得远就并肩前行。

我总喜欢用积极的眼光看待周围的人，在肯尼亚生活了两年，我并没有觉得非洲人懒惰、不讲诚信、不思进取，人云亦云地去标签化某个群体终归是肤浅的。在去标签化之后，我发现了肯尼亚人身上可贵的互助精神。

肯尼亚有多种形式的民间互助组织，最普遍的一种叫作 Chama， 它是起源于肯尼亚、流行于东非地区的民间信贷组织，斯瓦希里语中 Chama 的意思是群组、团体。

20 世纪八九十年代，肯尼亚妇女为了寻求经济独立开始组建 Chama，每个人定期向组织中存钱，金额不限，量力而行，每当组织中有成员需要用钱时，比如给孩子交学费、投资做小买卖、购买家用品等，就可以向 Chama 借钱。我曾采访过的一位肯尼亚单亲妈妈就是 Chama 成员，被丈夫抛弃后，一个人抚养孩子，Chama 帮助她度过了许多次难关。

据统计，肯尼亚大约有 30 万个 Chama，资金总量达 34 亿美元，发展到今天，Chama 已经不再是专属于女性的组织，男性也开始加入，据说每三个肯尼亚人中就有一个是 Chama 成员。

众人拾柴火焰高。肯尼亚普罗大众在落后的经济社会发展条件下创造出了这样的民间信贷组织，它帮助千千万万个生活贫困的人实现了经济上的诉求，甚至帮助他们中的很多人自主创业，为实现许许多多个“肯尼亚梦”助以一臂之力。

相比之下，玛丽昂的舞蹈小组虽然没有这么大的作用，却也为一群有着共同爱好和追求的人提供了实现梦想的舞台。

玛丽昂一直致力于推广非洲舞，在内罗毕小有名气。我曾在网络上看到过一段玛丽昂的电视访谈，她说在肯尼亚有许多热爱舞蹈的人，而他们中的很多人没有条件去上舞蹈课，到舞蹈教室练习，于是她鼓励人们组成舞蹈小组，一个人跳的时候另外一个人当他的镜子，给他指出动作上的问题。玛丽昂说："我们必须学会用有限的资源实现自我。"

不因条件有限而给自己设限，这样的肯尼亚人着实可爱，这种质朴的情怀中涌动着对美好生活热切的向往与追求，就如同仰望非洲旷野上的天空，碧蓝如洗，任你放飞所有的心愿与期盼。

玛丽昂舞蹈小组的训练也是在艰苦的条件下进行的。小组成立"大会"召开之后的第一个星期，姑娘们就开始练习，每周两次，每次两小时，训练地点是内罗毕市中心一个高层建筑里的健身房。说是高层建筑，不过只有十余层，说是健身房，不过是在一个十几平方米的空间里放了些健身器材，地上铺着粗糙的木板，墙上挂着一面大镜子。来到这个健身房，就仿佛穿越回国内的 20 世纪七八十年代。

玛丽昂邀请我加入她们的训练，连续两个多小时不间断的高强度练习，从热身到成套舞蹈作品学习，中间只有短暂的喝水时间，姑娘们在课堂上都打着十二分的精神，看着镜子中的彼此，互相鼓励，互相挑毛病，琢磨着动作怎么编排更好看，有人累了想打退堂鼓，旁边的姑娘们便一起给她打气。

印象最深的是一个留着短发、个子很高、有些壮的女孩儿，她是个大学生。她的舞蹈用热力四射形容再恰当不过，每当音乐响起，她整个人就像被注入了一股力量，那种力量从她的指间、脚下迸发出去，冲击着观者的心灵，有着与生俱来的热辣与奔放，感染力十足。

作为一个中国女孩儿，我的舞蹈风格也很让非洲姑娘们欣赏，她们会通过观察我的动作来调整自己的动作，融入一些更为柔美的元素。

在这样一个舞蹈小组中，没有年龄、职业、国籍的差别，联通姑娘们的只有舞蹈——大家共同的追求。成员里有白领、学生、全职妈妈、职业舞者，年龄从 20 岁出头到 40 岁上下不等。玛丽昂说她希望自己的舞蹈小组能让每个姑娘拥有自我展示的空间和自我实现的机会，因此除了舞蹈训练，她还定期组织团体聚会，让姑娘们发表自己擅长领域的演讲。在每次训练时，她要求不同的人担当领舞，让每个人都变得更自信。更让人感动的是，任何一个成员遇到生活上的难题或情感上的困扰都会在训练或聚会时与大家分享，大家相互鼓励并通过舞蹈把负面情绪释放。

后来，我的工作越来越忙碌，舞蹈小组的训练也越发紧锣密鼓，一套一套的舞蹈作品接二连三地出炉，我已经不能在工作和训练中找到平衡。为了不拖姑娘们的后腿，我便主动退出了训练，但却一直关注着舞蹈小组的每一次进步。

最后一次观摩姑娘们彩排的是拉丁舞和非洲舞的融合作品，妩媚与奔放并具。姑娘们要在肯尼亚一个国际舞蹈节上表演这个舞蹈作品，那是她们的集体表演首秀。

彩排过程中，她们一遍遍不厌其烦地练习，每跳完一遍都向我询问建议。排练了几遍之后，一个小伙子出现在舞蹈排练室门口，他是裁缝，特地来给姑娘们量尺寸，为她们制作表演服，并且带来了一套已经做好的服装让玛丽昂试穿。

那是一身橙色与黑色相间的衣服，鲜明的色彩对比正如同她们的舞蹈作

舞蹈小组成员合影

品，融合了两种迥异的风格。姑娘们看到玛丽昂穿上表演服，跟小鸟儿一样叽叽喳喳地左看右瞧，你一言我一语地说哪儿好看，哪儿不好看。玛丽昂侧身站在镜子前，摆出一个很酷的造型，看着镜中的自己。我赶忙拿起相机抓拍，镜头记录下了那一刹那她眼里闪烁的兴奋、幸福与自信，也让我永远记住了这样一群可爱的姑娘，她们勇敢造梦，坚定追梦，通过相互支持和鼓励成就了彼此，每个人都在舞蹈中实现了自我。

我已经离开肯尼亚，而互助互爱的肯尼亚人却不曾离开我。他们的身影不时地出现在我眼前，翩翩起舞，让我怀念着他们，遥想着在我曾经生活过的那片土地上，有这样一群人，他们正在困境中并肩前行，在逆境中超越自我。那么，我们还有什么理由迟疑、退缩、懈怠？

小谈我与非洲舞：

玛丽昂舞蹈小组的成立是在我认识她一年之后。初到肯尼亚时，同事向我推荐了玛丽昂的舞蹈训练班，我参加过她的非洲风格拉丁舞课，也参加过她的非洲民间舞训练班，几次课程下来，我对舞蹈的感受跟从前大大不同。第一次体会到跟随节奏的律动大胆自如地用肢体表达情感的奥妙，可谓醍醐灌顶。

非洲舞的热情奔放极具感染力，在每一次课程中舞蹈教练都安排每位学员做独立展示，让每个人跟随音乐自由发挥。刚开始我略感局促，然而看到身边的非洲同学们都如八仙过海，各显神通，我也渐渐放下羞涩，忘我地舞蹈，用肢体语言表达内心。

在非洲，我的肢体得到前所未有的开发，学会了用舞蹈与自己的内心对话，也在舞蹈中找到了最自由、最释放的自我。

27

时代洪流中逆流而上的一粒沙

直到有一天，昏暗的小旅馆房间里，那个嫖客的呼吸和触摸是那么的熟悉，熟悉到令她毛骨悚然！

那一次的父女相见在灯光亮起的一刹那苍白了人间所有悲剧……

“你生活中最大的挑战是什么？”

“缺少机会。”

这是我与22岁的肯尼亚女孩儿卡洛尔的对话，聊天时她接到堂兄的电话，说有家用人单位想要她的简历，她匆匆取出装在双肩包里的电脑，在wifi信号极差的咖啡屋里把简历发了出去。

她眼里有焦虑却也有镇定，“这个社会就是这样，不认识人什么事儿都办不成。”她把视线从电脑屏幕移向我，推推架在鼻梁上的眼睛，然后用小勺挖起一块松软的白巧克力蛋糕，就着拿铁咽下去。

随即，她涂着枚红色口红的嘴唇划出一道浅笑，仿佛白巧克力的甜能让她稍稍心安。

卡洛尔是肯尼亚一所私立大学法律系的学生，正值毕业季，她在为前途奔波。摆在她面前的路有两条，去实习然后踏入职场，但她说这是退而求其次的选择，因为本科学历很难让她找到好工作；另外一个选择是去南非或英国继续攻读法学硕士，她认为这是一条正路子。

在一次集体活动中卡洛尔（中）与她的朋友们唱歌跳舞

看着她稚气未脱的笑容，我不禁想起五年前的自己，同样的迷茫与求索，无助与懵懂，同样深知在社会的洪流中，我们就像一粒沙，随波逐流，要顺应社会，却也想逆流而上，活出自己的人生。

我曾经读到过 2016 年初内罗毕一所大学发布的名为《肯尼亚青年调查》的报告，报告显示肯尼亚青年失业率为 55%，其中青年女性失业率高达 62%。在这样的大环境下，大部分肯尼亚青年选择自主创业或做点小买卖而不考虑找工作，经济不景气、竞争激烈、腐败等社会问题使年轻人认为这个社会无法给他们提供充分的平台和多样的机会，这就是为什么卡洛尔认为她生活中最大的挑战是缺少机会。

不仅卡洛尔这样说，我曾到内罗毕一所大学做过问卷调查，其中有七八成的人都对这个问题给出同样的答案，他们都是 20 ~ 26 岁的年轻人，有着五彩缤纷的梦想，有的想成为青年群体中的意见领袖，有的想成为肯尼亚总统，有的想建立一所东非人才学院，有的想成为飞行员，有的想拥有一个大家庭，成为孩子们的榜样，然而在他们陈述完梦想之后却也纷纷表示，缺少机会与平台让他们觉得梦想难以起航。

有梦不难，圆梦艰难，这是这个时代对我们的考验，不论身在地球的哪个角落，这是我们逃不开的宿命。

“跟父辈们相比，你们这代人的幸福是什么，挣扎又是什么？”我问卡洛尔。

“幸福是教育的普及，这一点有了很大改善；挣扎的话，我想是社会良知的倒退。”卡洛尔这样回答我。

卡洛尔说在现代社会中，肯尼亚传统道德体系正在坍塌，曾经尊长爱幼、互助互爱的社会氛围正在消失，“我们的民主与政治教会我们什么？憎恨彼此，分裂彼此。”卡洛尔这样说，她指的是在非洲普遍存在的部落政治，这种政治生态在肯尼亚意识形态中根深蒂固，并且从政治版图开始龟裂，一直延伸到社会生活的各个层面。和许多非洲国家一样，肯尼亚不同部族的人有着各自的身份认同体系，像一个个壁垒把人们分割开来，至今很多部族间的通婚都不被家

卡洛尔与伙伴们共跳传统集体舞

族支持与看好。

如果说部落政治是非洲传统文化的遗毒，那么西方殖民给非洲带来什么？民主、稳定与发展？还是那份《肯尼亚青年调查》报告，从其中的一些数据便可见一斑，数据显示62%的青年受到政治操控，40%的受访者公然表示在选举中谁给他们钱，他们就给谁投票，47%的青年认为通过灰色手段得到财富是一件值得称赞的事，35%的人表示如果情况允许他们会行贿或受贿。

肯尼亚是个年轻的国家，1963年独立至今它还没有在国际舞台上找准自己的定位，它在寻找中接纳，也在寻找中摒弃，然而它似乎无法判断是自己接纳的东西更有价值，还是摒弃的东西更值得珍惜。

“所有人都知道想要找到工作，总得付出点什么。”卡洛尔这样说，她似乎已经做好思想准备，为了给自己的前途铺路，她可能真的需要像一粒沙，“顺流而下”而非“逆流而上”。

曾经读到过一篇纪实故事，讲述的是一个津巴布韦女大学生“顺流而下”的历程，她出生在一个小康家庭，母亲是传统的家庭妇女，父亲是个生意人，父母把她养育成人送进大学，只期盼她找份安稳的工作，结婚生子，可是在社会洪流的横扫下，她的安稳人生灰飞烟灭。

她并不想做一名妓女，只是做一名妓女的选择在没有多少选择的社会中成为最大可能；她并不想做一名妓女，只是做一名妓女的选择在大多数人都愿意接受的现实中成为主流……于是她堕落了，享用着嗟来之食，还试图用学到的经济学原理为自己的行为寻找合理性，用成本与收益衡量着自己的得失。

直到有一天，昏暗的小旅馆房间里，那个嫖客的呼吸和触摸是那么的熟悉，熟悉到令她毛骨悚然！

那一次的父女相见在灯光亮起的一刹那苍白了人间所有悲剧……

父亲当场犯了心脏病，虽然后来康复了，但此后的父女二人再无安宁，他们带着这个秘密继续随波逐流，没有了灵魂，母亲一直不知情，劝说女儿找个好人家的絮絮叨叨不绝于耳……

我把这个故事讲给卡洛尔听，她并不惊讶，她说故事情节是个例，但现象却很普遍，她的同学们很多都有“干爹”。“那你没有想过找一个干爹？”我直截了当地问，她并不尴尬，说自己有男朋友，不想让他伤心，说着拿出和男友的合影给我看，照片里的他们幸福甜蜜。

卡洛尔的眼睛是纯净的，我愿意相信她，或者说是我选择相信她，选择相信总有人不甘于顺流而下，而我也不敢完全相信她，因为我害怕她没有勇气和力量做一个逆流而上的斗士。

“你今天还有什么打算？”我也用小勺挖了一块松软的蛋糕，就着拿铁咽下去，用蛋糕的甜调节我们对话的气氛，也安慰我一颗悬着的心。

“我要去见一个朋友，他组织了一个青年团体，我也想加入，我们真的需要做点什么，改变我们的现状。”卡洛尔坚定的眼神告诉我，我还是应该相信她，我悬着的心也落了地。

不管社会的洪流如何激荡，总有这样一批青年在摸索中前行，他们迷失，他们找寻，这是他们人生旅程中必经的路途。我们每一个人其实都是如此，在人生的旅程中一次次地迷失，又一次次地找回自我，我相信，重拾自我的力量之源便是那不愿随波逐流的坚定信念。

卡洛尔在同伴中发表演讲

28

捡拾散落的非洲笑容

我的脑海中时常出现一幅非洲地图，上面散落着各式各样的非洲笑容，大人的、小孩的、男人的、女人的，有的开怀、有的含蓄、有的甜美、有的苦涩……他们笑着，让人觉得温暖，也让人牵挂，牵挂着他们的笑容能否更长久、更灿烂，就像我镜头捕捉到的那样，定格在那里，永不消散。

在非洲我做了一回有心人，捡拾散落在街角的非洲笑容。它们是贫民窟里的小学生，是索马里难民，是马赛族牧民……他们的笑容总能令我动容，他们生活在贫穷、战乱、颠沛流离中，却依然发自内心灿烂地笑，面对平凡的日子，你我也应该如此。

贫民窟一所小学放学后的孩子们，站在最前面的小姑娘笑得很甜，她的配合引来许多周围的同学，我拿起相机快速按下快门，捕捉他们如阳光般灿烂

贫民窟的孩子们

的笑容。拍完照，我冲他们竖起大拇指，这些孩子们也冲我竖起大拇指，当时的我只想冲上去给每个孩子一个大大的拥抱！

女生们甜美羞涩，男生们调皮欢闹。个子最高的男孩儿问我怎么把照片给他们，我问他有没有邮箱，几个小男生商量了一会儿，发现谁也没有邮箱，只得面面相觑，最后对我说："没关系，反正你会再来的对吧，我们希望你再来，到时候再把照片给我们。"孩子的天真无邪最让人感动。虽然我最终没能把照片给他们，但是我答应你们，我一定会再来。曾经非洲，永远非洲，这是我常说的一句话，非洲岁月已经成为我人生中永不褪色的一段美好回忆。

索马里青年

一位索马里青年，为躲避索马里战乱来到肯尼亚，在一家羊肉馆做主厨。他有一个庞大的家族，父亲有4个妻子，28个孩子，兄弟姐妹为了逃离战争流落到世界各地。他问我如果娶个中国老婆，能不能拥有中国国籍，我问他想找什么样的女孩儿，他说："一是受过良好教育，二是行为举止好，三是长得漂亮。"虽然要挣钱接济家人，娶媳妇要购置的牛还没有踪影，要付的礼金、要盖的房子……实现这些似乎遥遥无期，但他依然快乐，抄起桌上糖罐里的糖塞进嘴里。也许对于一个逃离战乱、家庭四散的人来说，甜是他最需要的滋味，而一点点的甜便能让他笑逐颜开。

索马里人酷爱吃甜，我尝了他们的曲奇和传统甜品，只一小块，我需要喝两瓶矿泉水！这家店位于肯尼亚首都内罗毕的 Eastleigh 街区，这里 70% 的居民是索马里人，老板很热情，主动要求我给他拍照。

索马里甜品店老板

Eastleigh 街区买零食的小女孩儿们：戴头巾的是穆斯林索马里小朋友，不戴头巾的是肯尼亚小朋友。2013 年西门恐怖袭击后，肯尼亚政府开始对 Eastleigh 街区严加管控，这里居住着不少前索马里青年党人，危机四伏，发生险情的隐患不容小觑，可对于孩子们来说，朋友就是朋友，小伙伴们一起买零嘴吃最快乐不过，哪需要介怀你是索马里人，我是肯尼亚人？

Eastleigh 街区买零食的小女孩儿

给这群孩子拍照，我用了很长时间，因为我觉得她们美得不得了，同行的当地朋友替我捏了把汗，告诉我，这样的举动在这种危险地方还是少做，免得引祸上身。但面对这些真诚善良的孩子，我用一颗真诚善良的心记录她们，我认为这样的举动不会引来祸患。

Eastleigh是内罗毕有名的危险地带，这里聚居着很多前索马里青年党成员。我到过Eastleigh两次，每次脖子上都挂着相机，看到我感兴趣的人和事就停下来拍照和采访。偶遇买零嘴的小女孩们是在第一次Eastleigh之行时，记得当时给她们拍照，同她们聊天，我完全沉浸在她们的童真与童趣中。可当我结束同她们的对话，回头走开的时候，却发现周围很多索马里人虎视眈眈地盯着我看，仿佛在说："赶紧离开我们的地盘儿，你这个奇怪的外来女人！"他们中有很多是男人，他们犀利愤怒的目光让我一下子醒过神来，把相机收好，赶快离开。如今想来还真是后怕，也不知当初自己哪儿来的那么一股子勇气，不过也多亏了当时的勇敢，才得以拍到如此珍贵的照片。

农贸市场卖羊的马赛族老人像抱宝贝一样抱着他的羊，老人此刻的心愿是在集市上把羊卖个好价钱，回家给孙子买点好玩意儿。他的笑容显然写满了对这只羊的信心。

集市另一角有一个赶羊群的小男孩，他似乎有些惆怅，但依然微笑，只是刺眼的阳光让他的笑容无法舒展。小小少年，没有烦恼。愿你一切安好！

卖羊的马赛族老人和赶着羊群的小男孩

肯尼亚一个二手服装市场的街角，遇到这个开朗的姑娘。看我拿着相机，便要求我给她拍照，我以为她是开玩笑，没想到她开始摆各种姿势，镜头感极强，颇有几分超模潜质。

二手服装市场街角里的情侣

旁边的小伙也凑上来，让我拍了一对儿镜头前的情侣照。姑娘告诉我她失业了，我问她有什么打算，她说好多呢，跳舞、当模特、开个小饭店。她的笑容里没有烦恼，管它未来怎么样，眼下可以喝果汁，跟朋友聊天，还有帅哥仰慕，还不够开心嘛？

捡拾散落的非洲笑容是我在肯尼亚工作生活期间最乐此不疲的一件事，然而我却始终觉得自己做得不够多、不够好，因为那片土地上还有太多太多美好的笑容没有走入过我的镜头，那些笑容里还掩埋着太多太多的故事没有被我发掘与记录。然而，这小小的遗憾却构成了我对非洲永远的神往与眷恋。我的脑海中时常出现一幅非洲地图，上面散落着各式各样的非洲笑容，大人的、小孩的、男人的、女人的，有的开怀，有的含蓄，有的甜美，有的苦涩……他们笑着，让人觉得温暖，也让人牵挂，牵挂着他们的笑容能否更长久，更灿烂，就像我镜头捕捉到的那样，定格在那里，永不消散。

后记

Postscript

遇见非洲，遇见自己

这是一个阳光和煦的午后，和内罗毕许许多多个阳光和煦的午后一样，我总能在这样的午后听到阳光的声音，它在恩贡路的车流声中掠过，它在树叶轻拂的瞬间响起，它在小院儿猫咪眯缝着的眼睛里跳跃，它如同瀑布般倾泻而下，肆意地将我包裹，毫不吝啬，这就是内罗毕，我生活了两年的阳光之城。

阳光之城是内罗毕的别称，两年前我对这座城市一无所知，百度百科给我的解释是：四季如春，如同昆明。当时的我很懵懂，和很多人一样认为非洲热得不得了，不明白一个赤道横穿的国家为何会四季如春。

两年里，我无数次地在午后倾听阳光的声音，在小院儿屋顶看恩贡路的川流不息，如果你不知道恩贡路，你可能知道恩贡山，如果你不知道恩贡山，你一定知道一部电影叫《走出非洲》，那么你便可以想象在恩贡山下发生的那些故事。

两年的岁月里，我也经历着、创造着很多的故事。非洲就像一个秘境，在你未曾亲临其境时，疑惑笼罩着你，有些许的好奇，些许的畏惧；当你置身其中，惊喜突袭了你，或美好，或出其不意；当你行将远去，秘境仍旧神秘莫测，留下许多无解，你不舍，你恋恋，但你终将离去，留下一秘境的花团锦簇，生生不息。

那只眯缝着眼睛的猫，她常常卧在我身旁，伴随着一篇又一篇的稿子，依偎在我的案头，起初我觉得那一篇篇的稿子是千篇一律的，苦涩的；可当我把从国内带来的满身尘埃落定，去掉浮躁与不必要的欲念，我才真正懂得什么叫作千里之行始于足下。我告诉自己，不能忘记心中的梦想，把平淡无奇铸就成火把，让它照亮梦想，这才是真正的人生赢家。

于是我发现，在非洲做新闻是件多么有趣的事，我把这种有趣叫作“坐拥天下”，因为非洲为我们提供了观察理解世界的另外一种视角、一重纬度。袭击，暴乱，死亡，有伟大的牺牲，也有不明就里的死去；发展，创造，腾飞，最贫瘠的大陆也升腾着最蓬勃的希望；挣扎，求索，奋进，非洲人生百态就是一面面镜子，折射着人性与人生。

我很幸运，新闻把我带到世界各个角落，每天十几、二十几条的新闻稿勾勒出当天的世界风貌，我感知着世界的脉搏跳动，呼吸着或悲或喜的人物命运，坐在安静的小院儿里，它有时安静得令人“生厌”，可我心里却翻滚着波涛，我思考着人生种种，我的世界不知道扩大了多少倍。

在非洲，我失去了浮躁与不安，得到了内心的平静，更加笃定了对新闻的热爱，这是我 12 岁时就埋在心里的梦想。

“内罗毕的天气把我们宠坏了。”这是一个朋友在离开内罗毕前对我说的话，他说他会想念内罗毕的阳光。的确，内罗毕四季如春，没有在这儿生活过便无法感知这里的气候宜人，那是一种让你随时想要狂奔的舒畅，我总想着用什么样的方式把内罗毕的阳光定格下来，然而无论影像怎么表达，都不及其十分之一。

这就是非洲带给人的惊喜之处。在我初到非洲时，更让我惊讶的是，在信息如此融通的地球村时代，我们对世界，更确切地说对非洲的了解怎么会那么片面、刻板、可笑。

生活在非洲，我给自己制订了许许多多的目标，没有了北京日日通勤的烦恼与耗时，我有太多的时间去实现自我；没有了花花世界的诱惑，我有太多的时间去面对内心；没有了来自周围人纷纷杂杂的侵扰，我有太多的时间去观察与思考；我背着相机记录非洲人的笑容，每晚两三个小时不得入睡，因为有太多的事情值得我探索与记录……

然而孤独，孤独不是一件小事。作为一名“海漂”，长期生活在海外，孤独常伴左右。其实人生来就是孤独的，独自呱呱坠地，独自默默离去。于是我决定与孤独做伙伴，我不要它做我的邻居，因为一个时常串门的邻居并不一定多招我喜欢，我更不能让它做我的敌人，因为我知道化敌为友才是对自己最大的爱与尊重。多少次我苦恼无解，哭过，徘徊过，向键盘倾诉，洋洋洒洒写满了屏，在跑步机上忘却，挥汗如雨，在小院儿的屋顶眺望夜空，与内心对话，渐渐地，孤独成为伙伴，我不再有任何恐惧，面对它时我只需面对它，它离开或到来都不会让我心生波澜、坐卧不安。伙伴就是一条线牵着两头的你我，有时彼此对望，有时视而不见。

在非洲，我失去了迷茫与恐惧，获得了面对孤独的能力，塑造着那个自己一直想要成为的自己。健身时我们常需要 find the core，这是支撑一个人的核心力量，在非洲的两年，我找到了这个核心，它力量无穷。

我看，我听，我行，我思，这是我在非洲两年的行为习惯，要说恐惧，我最大的恐惧就是失去起初的好奇心，于是我在心里一直吊着这口气，不敢松，我不想陷入厌倦，走向无奈与平淡，我不能。

这种好奇心让我遇到了很多有趣的人，说有趣不是指他们诙谐，而是他们过着与我完全不同的生活，他们的人生理念跟我相去甚远，他们的人生追求与我的没有交集，贫民窟的孩子与艺术家，单亲妈妈，难民，跟我一样的“海漂”，他们带给我一笔财富，这个财富叫作人生不设限。

与同事聊天时曾说，看到很多生活在艰苦甚至悲惨境遇中的人如何生活，我们就知道世界有太多的可能性，人有太多种活法，哪种活法都能过得挺好。车子房子户口簿子不再是划定人生格局的唯一标尺。当我们看到其他格局的存在方式，就懂得世界上不存在唯一格局，并且获得了打破固定格局的勇气，这是对生活、对生命的另一种思考，这更是一种力量。不设限，不恐慌，尊重内心，勇敢选择，走好脚下的路。

生活在非洲，我从不同的侧面看世界，失去了对物质、对现实利益的一味追求，获得了在凡俗之外引领自己不断向前的内心力量。在非洲看到的世界有好有坏，就如同我在说服自己来到这片土地时说的那番话：你想要看世界，但世界不只有光鲜亮丽的一面，如果你只想看这一面，你就是虚伪的。的确，这个世界不太尽如人意的那一面带给我的成长与收获是无法用语言简单形容的。我的同事说她喜欢大悲大情怀，没错，住在非洲内心会被无数次地撞击与洗礼，我喜欢这种“折磨”与沉淀，我庆幸自己在二十几岁时拥有了它。

到非洲前我曾想，非洲生活会让我变成什么样？我害怕过，我彷徨过，原本的我逐渐剥离、失去，然而这种失去过后，重新建立起来的自我让我欣然接受，我在遇见非洲的同时，也遇见了一个更加真实、丰富、强大的自己。最后我想说，看过了世界的好与坏，我依然坚信世界是那么美好，好坏不在外界，只在人心。

图书在版编目（CIP）数据

遇见非洲 / 韩茜著 .— 武汉 : 湖北科学技术出版社，2018. 4（2022 .1 重印）

ISBN 978-7-5352-9764-8

Ⅰ . ①遇… Ⅱ . ①韩… Ⅲ . ①非洲 – 概况 Ⅳ . ① K94

中国版本图书馆 CIP 数据核字（2017）第 257722 号

总 策 划 杨云鹏 祝李涛

责任编辑 刘 亮 杨瑰玉

装帧设计 胡 博

出版发行 湖北科学技术出版社

地 址 武汉市雄楚大街 268 号

（湖北出版文化城 B 座 13 ~ 14 层）

邮 编 430070

电 话 027-87679468

网 址 http://www. hbstp. com. cn

印 刷 湖北画中画印刷有限公司

开 本 700 × 1000 1/16 16 印张

版 次 2018 年 4 月第 1 版

2022 年 1 月第 2 次印刷

字 数 238 千字

定 价 68.00 元